英作文へのニューアプローチ

基本動詞、助動詞、形容詞、副詞の活用法

A New Approach to Writing Simple English

富岡龍明 著
英文校閲 Gareth Watkins

研究社

はしがき

「和文英訳をしようとするからまともな、自然な英語が書けないんだ」「日本語から出発して、それを英語に置き換えようとするから、日本語に引きずられて、結局不自然な英語になってしまうんだ」「はじめから英語で書いてこそ真の英作文力が身につく」

　英作文の勉強の仕方を話題にするとき、上のような意見を耳にすることがある。確かに、日本語は英語とは、音声、語彙、文法、文構造などいろいろな面でずいぶん違う言語なので、英語を書こうとするときに、日本語から英語に直訳しようとすると、日本語が邪魔して不自然な英語になることがある。たとえば、ごく自然な日本語表現である「昨日あるお客さんからクレームがありました」を、We got a claim from a customer yesterday のように書くと、不自然な英訳ということになる。この場合の「クレーム」は和製英語であって、英語では claim ではなく complaint が文脈に適切に対応するわけで、We had a complaint from a customer yesterday あるいは A customer made a complaint yesterday とすれば、自然な英文になる。だから、日本語を経由せず、はじめから complaint を使った英文そのものにアプローチしてそれを習得すれば、母国語の干渉という余計な回り道を避けて、ムダなく、効率よく英語のライティングの実力がつく、という考えも間違いではないだろう。
　ここで、少し違った考え方を示してみよう。日本人がたとえば、make a complaint という英語表現を正しく理解して、状況に応じて正しく使いこなす、すなわち習得するためには、この表現が「文句を言う」だけでなく、場合によっては「クレームをつける」「苦情を言う」「愚痴る」などの多様な日本語に対応するということを知っていた方が、知らない場合よりもむしろ、母国語に邪魔されずに正しく英語を書けることになる、ともいえる。つまり、ある英語表現とそれに対応する適切な日本語表現の突き合

わせ、すりあわせをすることで、逆にその英語表現はどのような状況、どのような文脈で使えるかが、かなり具体的に把握できるようになる、ということもいえる。

　本書のねらいのひとつは、英語の基本動詞、形容詞、副詞を中心として、それらに対応する日本語表現のバラエティを提示する、ということである。このねらいの背景には、母国語である日本語を、英語の運用力習得をはばむ邪魔物としてとらえず、むしろ、英語を状況に応じて的確に使用するための、有益な背景知識として活用するという視点がある。したがって、本書には、通常あまり一般の英和辞書の語義解説には使われていない、英語・日本語の対応（例：aggressive＝ギラギラした感じの；unusual＝フツーじゃない；discouraging＝水をさすような；tough＝めげない）がいたるところに見出されるはずである。このような、新たな英語・日本語の組み合わせを試みたのは、いわゆる単語集などの伝統的な一語一義的な語義提示のあり方、それと、必ずしも日本語の日常の使用実態を反映しているとはいえない英語学習辞書の語義提示のあり方への、ささやかな提言になるかもしれないとの思いがあったためである。

　本書の各ユニットは、英語対日本語の観点から、日本人学習者が文脈を無視して一語一義的に意味、用法を習得しようとする場合、紛らわしさのために error を犯しそうな語群をひとまとめにして配列した構成にしている。ことばの意味とは、すなわち特定の状況での使われ方にほかならない、という考えから、Exercise で提示した和文英訳問題は、どういう人物がどういう状況で誰に対していっているのか、つまりいい換えれば、言語使用上の文脈（context）がなるべくはっきりわかるように工夫した。また、Exercise の素材は、本書を使って、英語の基本作文の演習を実践する大学生にとって、なるべく身近なテーマ（バイト、授業、サークル、友人関係、語学の勉強、etc.）を内在させたものになっている。

　本書は基本的な英語のライティング能力を身につけさせるのがねらいである。したがって、演習問題は決して長文ではなく、ひとくち英作文とでもいえるような短文中心で構成した。本書はあくまで英語の基本動詞、形容詞、副詞を中心として、それらの語義、働きを鮮明に理解させながら、的確に sentence を作り上げさせることがねらいなので、日本人が書

                              はしがき

く英作文で問題になりがちなもうひとつの面である、文と文の有機的関連の問題、すなわち談話構造の問題は取り扱っていない。その点についてはまた機会を改めて取り組んでみたいと考えている。

　このテキスト作成にあたって、丹念にすべての英文のチェックをしていただいた元ウエールズ大学講師のG. ワトキンス氏にこの場を借りて感謝の意を表したい。

　2000年9月

　　　　　　　　　　　　　　　　　　　　　　　　　　富岡龍明

CONTENTS

PART 1 基本動詞・助動詞編 1

- Unit 1　say, tell, talk, speak 2
- Unit 2　hear, listen, see, look, watch 7
- Unit 3　come, go, take, bring, get 12
- Unit 4　make, let, have, get（使役動詞）...................... 17
- Unit 5　be, become, come to, learn to, begin to 22
- Unit 6　realize, notice, know, tell（認識動詞）............ 27
- Unit 7　scold, blame, criticize, complain 32
- Unit 8　recognize, accept, admit, receive 37
- Unit 9　think, feel, find, find out 42
- Unit 10　want, like, would like, wish, hope 47
- Unit 11　must, have to, just have to (have only to), can't help 52
- Unit 12　can, could, may, will, be going to 57
- Unit 13　should, ought to, had better, may as well 62

PART 2 形容詞・副詞編 67

- Unit 14　surprising, surprised, shocking, shocked, amazing, amazed 68
- Unit 15　interesting, interested, funny, amusing, amused, exciting, excited 73
- Unit 16　annoying, annoyed, confusing, confused, embarrassing, embarrassed 78

Unit 17	no, not, never, hardly, hardly ever (almost never), almost, almost all	83
Unit 18	difficult, tough, hard, challenging, complicated, demanding	88
Unit 19	relaxing, relaxed, refreshing, refreshed, pleasant, happy	93
Unit 20	convenient, comfortable, easy, handy, portable	98
Unit 21	few, a few, quite a few, few of, a few of, quite a few of	103
Unit 22	unique, particular, special, unusual, strange, rare	108
Unit 23	disappointing, disappointed, depressing, depressed, discouraging, discouraged	113
Unit 24	good, enough, satisfactory, complete, perfect	118
Unit 25	honest, faithful, frank, outgoing, aggressive, outspoken	123
Unit 26	first, at first, for the first time, from the beginning, from beginning to end	128

本書の構成と利用の仕方

　このテキストは通年で使用することを想定して、前期（PART 1）、後期（PART 2）各 13 ユニットで構成されている。PART 1 は基本動詞、助動詞を中心とし、PART 2 は基本形容詞、副詞を中心とした構成になっている。全体的に、さまざまなエクササイズを通じて同じ語句にいろいろな角度からアプローチさせ、それによって、知識を確実なものにできるよう構成されている。

Warming Up
　各ユニットのはじめに置かれている、基本知識確認のためのエクササイズ。このパートに取りくむときは、次の項目である **Comments** を参照していただきたい。たいていは **Comments** がそのまま **Warming Up** の解答のためのヒントになっている。しかも、**Warming Up** の各問題に、⇨ **C1**、⇨ **C2**、⇨ **C3** などの表示がつけてある。これは **Warming Up** の各問題を解くときに、**Comments** のどの部分が最も直接的なヒントになるかを示している。たとえば「⇨ **C1**」は「Comment 1 を参照のこと」という意味であるので、指示された箇所をしっかり読んで理解すれば問題の解答が得られることになっている。

Comments
　各ユニットで扱われる語群に関して、語法、文法、文体的観点から解説を施したパート。この部分の解説を丹念に読んで理解することが、英語の基本動詞、助動詞、形容詞、副詞の用法習得のために大切なので、繰り返し繰り返し読むことが望ましい。

Exercise I
　Comments を参照しながら **Warming Up** をやり終えたあと、さらに

用法を確認するためのエクササイズ。ここでもう一度日本語・英語のつき合わせを練習することで、各ユニットで扱われる英語表現の語義をよりよく理解することができる。

Exercise II

　このテキストのメインパート。ここで、**Warming Up, Comments, Exercise I** での演習を通じて習得した知識を応用して、実際に英文を組み立てる練習をする。ヒントとして 考え方 が各問題についているので、それを参照しながら、英作文を実践すること。このパートの日本語素材は、だいたい日常的な日本語表現が多いので、それに対応する英文も、むずかしい語彙、文構造など使わない日常的な英文で書くように心がけていただきたい。

PART 1
基本動詞・助動詞編

Unit 1

say, tell, talk, speak

Warming Up

The italicized expressions in the following sentences are wrongly used. Correct them. (If necessary, change the whole sentence structure.)

1. 私は英語の成績をもっと上げるようにといわれた。
   I was *said* to get higher marks in English.　⇨ C1

2. 「うちの犬は言葉をしゃべるんだよ」「まさか」
   "My dog *says*." "I don't believe you."　⇨ C1

3. 英語は習得がむずかしいといわれている。
   English is *told* to be difficult to learn.　⇨ C2

4. 父は私に、大学院進学はあきらめるしかないといった。
   Father *told* that I had to give up the idea of going to graduate school.　⇨ C2

5. Janet はロシア語だけでなくスペイン語も話します。
   Janet *talks* Spanish as well as Russian.　⇨ C3

6. 首相は記者会見で金融問題について語った。
   The prime minister *talked* the financial problem at the press conference.　⇨ C3, C4

7. 社長は、携帯電話は5年以内にさらに大幅に普及するでしょうといった。

The chairman *spoke* that cellular phones would be far more commonly used in five years' time.　⇨ **C4**

COMMENTS on *say*, *tell*, *talk*, and *speak*

Comment 1 〈*say*〉

◆ 一般に X is said to be Y は、X についての世評が Y であること、つまり、世間では X は Y といわれている(評価されている)、というような意味を表すが、X が Y をするようにいわれる(命じられる)という意味はない。
◆ say は tell と同様、発話内容を伝達することに重点がある(「言葉を話す」のような、発話行為そのものを指す場合 talk, speak を単独で用いる)。
◆ 目的語として節(主語 + 述語)を従えることができる。

Comment 2 〈*tell*〉

◆ tell が say と最も大きく異なるのは、tell は tell X to do Y (X is told to do Y) の形で、「X に Y をするように命じる(X が Y をするようにいわれる)」という用法があるのに対し、say にはその用法がないという点。
◆ tell と say は同類の動詞だが、tell は say と異なり、誰に伝えるかの部分、つまり間接目的語が重要な働きをする(tell the truth, tell a lie, tell a story などのように間接目的語をとらない表現は例外的用法)。

Comment 3 〈*talk*〉

◆ talk は speak と異なり、talk English のようにはいわない点に注意。
◆ 一般に talk, speak は say, tell のように直接目的語をとらず、talk (*or* speak) to X on (*or* about) Y (X と Y について話す)という形をとる。
◆ talk は、伝達内容そのものを表す節(主語 + 述語)をとらない点に注意。
◆ talk は speak と異なり、軽いおしゃべり、雑談をする、というニュアンスがある。

Comment 4 〈speak〉

◆ speak は talk と同様、直接目的語をとらない点に注意 (speak English, talk sense, etc. は例外的用法)。
◆ speak は talk と同様、伝達内容そのものを表す節(主語＋述語)をとらない点に注意。
◆ speak の場合、speak English, speak German などのように、ある言語を直接に目的語としてとる用法がある。

Exercise I

Fill in the blanks with *say*, *tell*, *talk*, or *speak* to match the Japanese. (Change the form of the verb, if necessary.)

1. 日本人学生はよく無口だといわれる。
   Japanese students are often (　　　) to be quiet. ⇨ C1

2. それは誰から聞いたのですか(誰があなたにそういったのですか)。
   Who (　　　) you so? ⇨ C2

3. おしゃべりをやめなさい。
   Stop (　　　). ⇨ C3

4. John は 3 ヵ国語が話せる。
   John (　　　) three languages. ⇨ C4

5. この看板には禁煙とあります。
   This sign (　　　) "No smoking". ⇨ C1

6. 誰がそんなことをいったのですか。
   Who (　　　) that? ⇨ C1

7. 田中先生からうるさいといわれた(田中先生から静かにしろといわれた)。

Unit 1

Mr. Tanaka (　　　　) me to be quiet.　⇨ C2

8. うそをついてはいけないよ。
   Don't (　　　　) lies.　⇨ C2

9. 世間ではよく、正直者はばかを見るというよ。
   It is often (　　　　) that honesty does not pay.　⇨ C1

10. その学生は、交通事故が起こったときの様子(どんなふうに事故が起こったか)を警察に語った。
    The student (　　　　) the police how the accident happened.　⇨ C2

Exercise II

Put the following Japanese into English.

1. そんなばかなことをいうもんじゃないよ。
   考え方 「ばかな」stupid, silly, foolish.「いう」ここでは「誰に」は表現する必要なし。

2. よく聞こえません。もっと大きな声で話してください。
   考え方 「話す」ここでは何を話すかは重要ではない。

3. John が帰宅したら、あなたからお電話があったと伝えます。
   考え方 「伝えます」この場合「誰に」が不可欠。

4. 私はもっと英語が話せるようになりたいのです。
   考え方 「話せるようになりたい」want と be able to をうまく組み合わせること。

5. 昨日鈴木先生から、アメリカに留学したければもっと英語の実力をつけるようにといわれた。
   考え方 全体を「鈴木先生が私に〜するようにいった(要求した)」という構造にする。「英語の実力をつける」improve one's English.

6. 掲示板では吉田教授の金曜日の英語は休講になっているよ。
   考え方 全体が一種の擬人化の構文で、「掲示板が～といっている」と考える。「休講する」cancel.

7. まわりから何といわれても私は自分の生き方を変えるつもりはありません。
   考え方 「まわり」people, they.「まわりから何といわれても」は「まわりが何といっても」というふうに能動態で考える。「生き方」the way one is.

8. もう受験英語の勉強はうんざりだ。私は英会話をやりたいんです。
   考え方 「受験英語の勉強」は「入学試験に合格するために英語を勉強する」と考える。「うんざり」be sick of, be fed up with.「英会話」spoken English.

9. うちの父は、「勉強がおもしろいと思えるようにならないとダメだぞ」というのが口癖です。
   考え方 「勉強をおもしろいと思う」enjoy studying（勉強を楽しむ）と考える。「～できるようにならないとダメ」must be able to ～.「口癖」いつもいう、と考える。

10. いくら私ができが悪いからといって、そんないい方はないでしょう、お母さん。
    考え方 「いくら～からといって」なるほど（yes）私は学校での成績が悪い（do not do well at school）、と考える。「そんな～ないでしょう」どうしてそんなひどいこと（terrible thing）がいえるのか、という構造にする。

Unit 2

hear, listen, see, look, watch

Warming Up

The italicized expressions in the following sentences are wrongly used. Correct them. (If necessary, change the whole sentence structure.)

1. 井上先生は君が英検準1級に合格したとの知らせを聞いて、ものすごく喜んでいたよ。
   Mr. Inoue was very pleased to *hear* your success in the pre-first grade STEP test.　⇨ **C1**

2. 昨日この部屋で何があったかお聞きになりましたか？
   Did you *hear of* what happened in this room yesterday?　⇨ **C1**

3. 最近の子どもは親や先生のいうことを聞かなくなった。
   These days, children don't *hear* their parents or teachers.　⇨ **C1**

4. すみません、まわりがうるさくてよく聞こえないのですが。
   Sorry, I can't *listen to* you very well because it's awfully noisy here.　⇨ **C2**

5. 私はあたりを見回したが、何も見えなかった。
   I *saw* around, but I didn't *look at* anything.　⇨ **C3**

6. 足元に気をつけなさい。
   Look at your step.　⇨ **C3**

7. Ted はずいぶん落ち込んでいるように見えるけど、何かあったんだろうか。
   Ted *is looked* so depressed. I wonder what's the matter with him.　⇨ **C4**

8. 私はしばらくのあいだ、昔住んでいた家の写真を眺めた。
   For a while, I *watched* the photo of the house where I used to live.　⇨ **C5**

COMMENTS on *hear*, *listen*, *see*, *look*, and *watch*

Comment 1 〈hear〉

◆ hear が直接目的語をとる場合、物理的に〜が聞こえる、という意味を表す。
◆ hear of は、of 以下の事柄、存在を聞き知っている、という意味。
◆ hear about (= receive information about) は情報として間接的に聞き知る事柄、内容がそのあとに来る。hear of は of 以下を単に聞き知っている、hear about は about 以下について詳細を聞き知っている、という意味の違いがある。
◆ hear from は、手紙や電話で相手から連絡をもらうという意味。

Comment 2 〈listen〉

◆ listen は対象(相手の言うことや音楽など)に耳を傾ける、よく注意を払う (= hear with thoughtful attention) という意味で用いる。

Comment 3 〈see, look at〉

◆ see は何かが見える、目に入ってくる、つまり見えるという結果を伴う動詞。
◆ see には、meet と同様、人などに出会う、という意味もある。
◆ see は「恋人関係として」つきあう (= go out with)、という意味でも使われる。
◆ look at は、あるものに注意を向けて見る、の意味だが、see と異なり、

必ずしも見えるという結果を伴わない点に注意。また、look at は watch のような、〜から目をそらさないようにして見張る、の意味はない。

Comment 4 〈look〉

◆ look + 形容詞句（例：look happy, look surprised）、look like + 名詞句（例：look like a movie star, look like a teacher）は、見た目の印象をいう働きがある。

◆ 上記の look の用法は、日本語でいえば「のように見える」にあたり、「見られる」ではないので be looked like ... のような受動態は誤りである点に注意。

Comment 5 〈watch〉

◆ watch (= look attentively) は対象から目をそらさず気をつけて見る、見張る、用心する、また相手や対象物（例：空を飛ぶ鳥）が動く場合、その動きに合わせて自分の視線を動かすという意味で使われる。look at は単に対象に視線を向ける、注視するということであり、watch のような意味合いはない。

Exercise I

Fill in the blanks with *hear*, *hear of*, *hear about*, *hear from*, *listen to*, *see*, *look*, *look like* or *watch* to match the Japanese. (Change the form, if necessary.)

1. 田中先生が英語を話しているのを聞いたことがありますか。
   Have you ever (　　　　) Mr. Tanaka speak English?　⇨ C1

2. 自動ドアで手をはさまれてしまうということをよく耳にします。
   I often (　　　　) people getting their hands caught in automatic doors.　⇨ C1

3. 学内の政治的ゴタゴタについては聞いて知っている。

I've (　　　) the political struggle in the college. ⇨ **C1**

4. 医者のいうことに耳を貸さない患者が意外に多い。
   A surprising number of patients do not (　　　) their doctors. ⇨ **C2**

5. 先日、君が伊藤先生からしかられているところを見てしまった。
   As I came in the other day I (　　　) Mr. Ito scolding you. ⇨ **C3**

6. 小さいお子様から目を離さないよう、しっかりお気をつけください。
   (　　　) small children very carefully, please. ⇨ **C5**

7. このジャケットを着ると、うちのおじいちゃんもずいぶん若く見えるね。
   This jacket makes my grandfather (　　　) so young. ⇨ **C4**

8. はじめて Alex に会ったとき、プロレスラーのような印象を受けた。
   When I first met Alex, he (　　　) a professional wrestler. ⇨ **C4**

9. ご連絡いただくのを楽しみにしております。
   I'm looking forward to (　　　) you. ⇨ **C1**

10. うちの娘とつきあうのはやめてほしい。
    Stop (　　　) my daughter. ⇨ **C3**

Exercise II

Put the following Japanese into English.

1. 私は Chris とつきあいはじめて 3 ヵ月になります。
   考え方 「つきあう」は see。3 ヵ月間つきあい続けている、と考える。

Unit 2

2. 赤ん坊が言葉をしゃべるようになるのを観察するのはとてもおもしろい。
   考え方 「観察する」は see か watch を使う。「～ようになる」はここでは learn + to 不定詞が適当。

3. 私はじっと耳を澄ませてみましたが、何も聞こえませんでした。
   考え方 listen と hear をうまく組み合わせる。

4. 最近介護保険は重要だという声をよく耳にする。
   考え方 「～だという声をよく耳にする」hear people talk about ～の形が使える。「介護保険」nursing care insurance for the elderly.

5. 最近の大学生はフリーター志望のものが多いと聞いています。
   考え方 hear (= understand) that 節を使うことで、物理的な音ではなく、情報を認識するという意味が表される。「フリーター」job-hopping part-timer.

6. 顔かたちがだんだんお父さんに似てきたね。それに話し方もお父さんそっくりだよ。
   考え方 「だんだん～する」は be beginning to do. 「顔かたち」は直訳する必要はない。「話し方も～だよ」お父さんのように話す、と考える。

7. 佐藤君は一見ヤクザ風だけど、実は平凡なサラリーマンです。だから別に怖がることはないよ。
   考え方 「一見～風」は「～のように見える」と考える。「平凡な」ordinary. 「サラリーマン」office worker.

8. 「最近の学生はちっとも先生のいうことを聞かなくなったね」「それは今に始まったことじゃないよ」
   考え方 「いうことを聞かなくなった」現在そういう状況であると考えて don't listen のように現在形で表す。「今に始まったことじゃない」昔からそれは真実だ (true) と考えて現在完了で表す。

Unit 3

come, go, take, bring, get

Warming Up

The italicized expressions in the following sentences are wrongly used. Correct them.

1. まず、君の家に行って、それから Keith の家に行きます。
   First I'll come to your house, then I'll *come* to Keith's place.
   ⇨ C1

2. 「Ted、ご飯ですよ」「もう少ししたら行きます」
   "Dinner is ready, Ted." "I'm *going* in a few minutes." ⇨ C2

3. 明日映画に行くんだけど、一緒に行きませんか。
   I'm going to the movies tomorrow. Would you like to *go* with me? ⇨ C2

4. タクシーに乗れば 20 分で新宿に着きます。
   If you take a taxi, you will *go* to Shinjuku in 20 minutes. ⇨ C2

5. 早くここに来てくれ。タクシーに乗ったら 10 分で着くよ。
   Get here as fast as you can. A taxi will *take* you here in ten minutes. ⇨ C3

6. 駅まで佐田さんを出迎えに行ってほしい。タクシーに乗れば早いよ。
   Go to the station to meet Mr. Sata. A taxi will *bring* you there very quickly. ⇨ C4

7. 容疑者はいまバイクで横浜に向かっています。

The suspect is now *getting* to Yokohama by motorbike.   ⇨ **C5**

COMMENTS on *come*, *go*, *take*, *bring*, and *get*

Comment 1 〈come〉

- ◆ 一般に、come は「聞き手(文法的に you と呼べる対象)のいる場所に「近づく」の意味で使われる。
- ◆ 話し手が、まだ行ってはいないが、これから行こうとする場所(すでに表明ずみ)に聞き手を誘う場合、go ではなく come を使う。この場合、聞き手が、話し手のいる場所(将来いるはずの場所)に「近づく」という原理が働いている。

Comment 2 〈go〉

- ◆ come に対して、go は「話し手も聞き手もいない場所に移動する」の意味で使われる。
- ◆ go to は、A 地点から B 地点への移動に関して、出発(出かける)、道中(〜に向かっている(進行形で))、到達(〜まで行く)のどれかを指すが、たとえば「20 分で東京に着く」は get to Tokyo in 20 minutes であって、go to Tokyo in 20 minutes とはいわない点に注意。次の例文の違いに注意。

  I usually go home at 6. (= I leave the office at 6.)
  （私は普通 6 時に(会社を出て)家に向かいます）
  I usually get home at 6. （私は普通 6 時に家に着きます）

Comment 3 〈take〉

- ◆ take は「話し手も聞き手もいない場所に向かって何かを持って行く、連れて行く」の意味で使われる。したがって、何かを持って来る、連れて来る、の意味にはならない点に注意。

Comment 4 〈bring〉

- ◆ bring は「話し手あるいは聞き手のいる場所に向かって何かを持ち運

ぶ」の意味で使われる。

Comment 5 〈get〉

◆ get (to) は、A 地点から B 地点への移動に関して、B 地点への到着に意味の重点がある。したがって、たとえば、「1 時間で B 地点に着いた」というとき、went to B in ten minutes ではなく got to B in ten minutes という。どこそこに向かっている、などの移動の状況を表すのは be getting to ではなく be going to が適切。

◆ get は take (連れて行く)、bring (連れてくる) のどちらの意味でも使われる。

Exercise I

Fill in the blanks with *come*, *go*, *take*, *bring*, or *get* to match the Japanese. (Change the form, if necessary.)

1. 今度の日曜日一緒にカラオケに行きませんか。
   Why don't you (　　　) to a karaoke bar with me this Sunday?　⇨ **C2**

2. 明日 Jane を見送りに空港まで行くんだけど、一緒に行きませんか。
   I'm going to the airport tomorrow to see Jane off. Would you like to (　　　) with me?　⇨ **C1**

3. この CD を Lucy のところに持って行ってくれませんか。
   Could you (　　　) this CD to Lucy?　⇨ **C3**

4. 何の用でここに来たのですか。
   What (　　　) you here?　⇨ **C4**

5. この電車は横須賀に行きますか。
   Does this train (　　　) to Yokosuka?　⇨ **C2**

6. その美術館までは 10 分くらいで行けますよ。

Unit 3

You'll (　　　) to the museum in about ten minutes. ⇨ C5

7. 申し訳ないが、いそいで英和辞書を一冊私のところまでお願いします。
Excuse me, but could you (　　　) me an English-Japanese dictionary as soon as possible, please? ⇨ C4

8. 恐れ入りますが、High Street へはどう行けばよろしいでしょうか。
Excuse me, but could you tell me how to (　　　) to High Street? ⇨ C5

Exercise II

Put the following Japanese into English.

1. 今度の土曜、君のところへ遊びに行こうと思ってたんだけど、それをやめて、いつもの居酒屋に飲みに行くのはどうだい。
   考え方 come と go を的確に使い分けること。「いつもの居酒屋」the usual pub.

2. 「何をぐずぐずしているんだ。もうすぐバスが出るよ」「あと 2, 3 分でそちらに行くから」
   考え方 ここでの「行く」は go あるいは come のどちらが適切か。

3. 日曜日のお別れ会、あなたは出席なさるらしいですが、何を持って行かれますか。
   考え方 「お別れ会」farewell party.　ここでは「持って行く」は take か bring か。

4. 車で来たのでここまで 20 分で着きました。おかげで何とか Johnson 先生のお見送りに間に合いました。
   考え方 「〜に間に合う」は be just in time to do の形で表せる。「見送

15

る」see someone off.

5. はるばるロンドンから東京までおいでくださいまして、本当にありがとうございました。
   考え方 「はるばる」all the way from A to B. ここでは come か go か。

6. 金曜日のクリスマスパーティは楽しみだな。僕はケーキを持って行こうと思うけど、君は何を持って行くつもりだい。
   考え方 「～を楽しみにする」look forward to ～. ここでは take か bring か？

7. 「どうしてこんなことになったんですか」「全責任は私にあります」
   考え方 「どうして」How come で始める。Why で始める場合と異なり、How come のあとは肯定文の語順。「責任」fault もしくは responsible を使う。

8. 「ここからタクシーで Princess Street までどのくらいで着きますか」「20分ぐらいです」
   考え方 「どのくらいの時間がかかるか」How long . . . take の構文を使う。

9. 物質的な豊かさが必ずしも真の幸福をもたらすものではないということを人類は気づき始めている。
   考え方 「物質的な豊かさ」material wealth.「気づき始める」begin to realize.

10. 新幹線のぞみが走るようになって、東京から博多まで以前より早く行けるようになった。
    考え方 「新幹線のぞみ」the Nozomi Superexpress.「走る」run.「早く行ける」は「早く到着する」と考える。

Unit 4

make, let, have, get（使役）

Warming Up

The italicized expressions in the following sentences are wrongly used. Correct them.

1. 父は私をアメリカに1年留学させてくれた。
   My father *made* me study in America for a year.　⇨ C1

2. 私はためになるからといって中国語の勉強をさせられた。
   They *let* me study Chinese; they said it would be beneficial.
   ⇨ C2

3. Johnには3時にここに来てもらいましょう。
   I'll *have* John to come here at three.　⇨ C3

4. 私はノートパソコンを盗まれた。
   I *made* my notebook PC stolen.　⇨ C1

5. あとで彼からあなたに電話をかけさせましょう。
   I'll *get* him call you back.　⇨ C4

COMMENTS on *make*, *let*, *have*, and *get*

Comment 1 〈make〉

◆ make someone do ～ は目的語にあたる人物などの気持ちを無視して、有無をいわせず何かをさせるという強制的な意味になる。force (or oblige) someone to do 〜 と同義。

Comment 2 〈let〉

◆ let someone do 〜 は、目的語にあたる人物に願望があり、その願望をかなえてやるという意味で用いられる。allow (or permit) someone to do と同義。make someone do のような強制的ニュアンスはない。

Comment 3 〈have〉

◆ have someone do 〜 は、目的語にあたる人物に願望があるかどうかと関係なく、主語にあたる目上の人物(教師、上司、親など)が目下の人物(学生、部下、子供など)に何かをさせるという意味で使われることが多い。使役の意味で have を使う場合 have someone to do とはいわない点に注意。

◆ have (or get) something + 過去分詞は文脈によって ① 受け身(〜される、〜してもらう)、② 使役(〜させる)、③ 所有(〜を持っている)の意味になる。

　　[例] Mike had (or got) the money stolen from the bag.
　　　　① マイクはバッグの中の金を盗まれた。
　　　　② マイクはバッグの中の金を盗ませた。
　　　　③ マイクはバッグから盗まれた金を持っていた。

Comment 4 〈get〉

◆ get someone to do 〜 は、目的語にあたる人物に強制的に何かをさせるということではなく、言葉での説得、お願いによってある行動をとらせる、という意味で使われることが多い。get someone do 〜 の形にはならない点に注意。

◆ get something done (or finished, completed) は、ある事柄(仕事、課題など)を最後まできちんと片づけるという意味でよく使われる日常表現。

Exercise I

Fill in the blanks with *make*, *let*, *have* or *get* to match the Japanese. (Change the form, if necessary.)

1. Joan は携帯を修理してもらった。
   Joan (　　　) her cellular phone fixed.　⇨ C3, C4

2. 明日の5時までにこの作業は仕上げなければならない。
   I'll have to (　　　) this work finished by five tomorrow. ⇨ C3, C4

3. 私は子供たちだけで東京ディズニーランドに行かせてやった。
   I (　　　) the children go to Tokyo Disneyland by themselves.　⇨ C2

4. Miranda は両親にいって、デジカメを買ってもらった。
   Miranda (　　　) her parents to buy her a digital camera. ⇨ C4

5. 佐藤君にいって、タクシーを呼ばせましょう。
   I'll (　　　) Sato call you a taxi.　⇨ C3

6. 学生たちに無理に英語を話させようとしないでください。
   Please do not try to (　　　) your students speak English. ⇨ C1

7. 私のこの英文の履歴書は友人の Nick に書いてもらいました。
   I (　　　) this English resume of mine written by my friend Nick.　⇨ C3, C4

8. 虫歯の治療のため歯医者に行ってきました。
   I went to the dentist to (　　　) my bad tooth fixed. ⇨ C3, C4

Exercise II

Put the following Japanese into English.

1. George がそのゲームソフトを使ってみたい様子だったので、しばらく使わせてやった。
   考え方 「ゲームソフト」(game) software, computer game. 「使ってみたい」want to try 〜. 「使わせる」はここでは make か let か。

2. このレポートは金曜日までにはきちんと仕上げてしまいたいと思っている。
   考え方 「レポート」essay. 「きちんと仕上げる」最後まで仕上げる、と考える。

3. この英文は Irving 先生に添削してもらいましたから、ミスはないはずです。
   考え方 「英文」English passage. 「添削する」correct. 「〜してもらう」C3 参照。

4. うちの父は最近体調が悪いといっているから、何とかいい聞かせて医者に見せようと思っている。
   考え方 「何とか〜思っている」の構文については C4 参照。

5. 近いうちに僕の車にカーナビを取り付けるつもりだ。
   考え方 「カーナビ」car navigation system. 「取り付ける」C3, C4 を参考にして全体の構文を組み立てる。

6. 昔は子供に無理やりいうことを聞かせようとする親が多かった。
   考え方 「無理やり〜させる」make を使う。全体の構文については C1 参照。

7. 私が、吉田君からあなたの方へ e-mail を送るように取り計らったのです。それでよかったでしょうか？
   考え方 「あなたに e-mail を送る」e-mail you. 全体の構文については

C3 参照。「よい」OK, all right.

8. ウォークマンをとられたって？ その程度のことでガックリしなさんな。
   考え方 「ウォークマン」a Walkman. 後半は let を使って「そういう些細なこと (little things) があなたをガックリさせる (let you down) ことを許すな」という構文にする。

9. やらなきゃいけないことはたくさんあるんですが、バイトに追われて、最後まできちんとやれることはほとんどありません。
   考え方 「バイトに追われる」busy doing a part-time job. 後半は「非常に少ない事柄 (very few things) をきちんと仕上げる」と考える。構文については C4 参照。

Unit 5

be, become, come to, learn to, begin to

Warming Up

Put the following English sentences into Japanese, paying particular attention to the italicized expressions.

1. My father will *be* 60 years old next year. ⇨ **C1**

2. My cousin Glen *became* an English teacher. ⇨ **C2**

3. Elizabeth *came to realize* how stupid she had been. ⇨ **C3**

4. This young bird will *learn to fly* very soon. ⇨ **C4**

5. My brother *began to play* soccer recently. ⇨ **C5**

COMMENTS on *be*, *become*, *come to do*, *learn to do*, and *begin to do*

Comment 1 〈 be 〉

◆ 日本語は「なる」を多用するため、be を使うべきところで become を使う誤りが多い（**Warming Up** 1. の英文では be が正しく become は誤り）。

◆「なる」を多用する日本語は、「なっていない」から「なる」への『変化』の時点にスポットライトが当てられ、be を多用する英語は「なった」あとの「なっている」状態に焦点がある、といえる。

　［例］　I want to *be* a doctor.（私は医者に<u>なり</u>たい）

Comment 2　〈become〉

◆ become のあとには名詞、形容詞、過去分詞などは来るが、become to do の形にならない点に注意。

Comment 3　〈come to *do*〉

◆ 時間の経過に伴う様態の変化を表す come + to 不定詞で注意すべきは、不定詞の内容が know, understand, realize, like などの状態を表す動詞である点。

◆ come の次の to 不定詞が動作動詞の場合、意味が異なる点に注意。たとえば「ジョンは酒を飲むようになった」を John came to drink. のように書くのは誤り。drink のような動作動詞が来ると come の本来の意味である「来る」の意味が出てしまい、この英文の意味は「ジョンは酒を飲みにやって来た」になる。

Comment 4　〈learn to *do*〉

◆ learn の次の to 不定詞は、一般に習得される事柄が来る。

　［例］　learn to drive（運転できるようになる）
　　　　learn to speak（話せるようになる）

この learn to do の形が日本語の「〜できるように(するように)なる」に対応する場合が多い。

Comment 5　〈begin to *do*〉

◆ begin (*or* start, get) to do は、日本語「〜しはじめる」「〜するようになる」という様態の変化を表す表現に対応する英語表現。この形は come to do と異なり、不定詞の内容が、動作動詞、状態動詞いずれも可能である点に注目。

　［例］　begin to go abroad often

(海外に頻繁に行くようになる)〈動作〉
begin to think that way
(そういうふうに考えるようになる)〈状態〉

なお、begin, start は to 不定詞の代わりに -ing があとに続くことも多い。

Exercise I

Fill in the blanks with *be*, *become*, *come to*, *learn to* or *begin to* to match the Japanese. (Change the form, if necessary.)

1. 私は飛行機の操縦を習っています。
   I'm (　　　) fly.　⇨ **C4**

2. なぜ多くの日本人が過労死するのかわかるようになってきました。
   I'm (　　　) understand why so many Japanese die from overwork.　⇨ **C5**

3. Dave は人生に幻滅するようになった。
   Dave (　　　) disillusioned with life.　⇨ **C2, C3**

4. Maria、冷静になりなさい。
   (　　　) quiet, Maria.　⇨ **C1**

5. いつかは子供たちも、親であることがどういうことなのか、わかるようになるよ。
   Some day, our children will (　　　) understand what it is like to be parents.　⇨ **C3**

6. いじめは今や大きな社会問題になっている。
   Bullying (　　　) now a big social problem.　⇨ **C1**

7. このマンションも結構手狭な感じになってしまった。

Unit 5

I get the feeling that this flat (　　　) a lot smaller than it used to be.　⇨ **C1**

8. 自分の力でものを考えるようになりたいと思っています。
I want to (　　　) think for myself.　⇨ **C4, C5**

Exercise II

Put the following Japanese into English.

1. うちの息子は『ジュラシック・パーク』(Jurassic Park) を見て以来、SF 映画ファンになりました。
　考え方　「なりました」は become を使っても表せるが、現在までずっとその状態であると考えれば be でも表せる。「SF 映画」science fiction movies.

2. Lewis ともっとよくつきあってごらん。そうすれば、彼がいいやつだということがわかるよ。
　考え方　「〜ともっとよくつきあう」get to know someone better. **C5** 参照。「わかる」see, realize, find.

3. 私は大学に入ってからどんどんやせてきてます。
　考え方　「大学に入る」get into college. 「やせる」become (or get) thinner.

4. 君はすぐ腹を立てるが、自分の感情を抑えることができるようにならないといけないよ。
　考え方　「腹を立てる」get angry, lose one's temper. 「感情を抑える」control one's feelings. 「できるようになる」は「〜することを学ぶ」と考える。

5. 赤ワインは健康にいいということで、多くの日本人が飲むようになった。
　考え方　「飲むようになった」ここで come to do は使えるか。**C3** 参照。

ここでは「最近では飲んでいる」というふうに進行形を使って状態的に表すこともできる。

6. 私は日本人の意思決定のあり方を見て、いくつかの日本文化の特殊性に気づくようになりました。
   考え方 「意思決定のあり方を見て」は「どのように意思を決定するかを見る」(see how they make decisions) と考える。「気づくようになる」come to notice, become aware of.　「特殊性」unique (*or* peculiar) aspects.

7. 私は20歳になるまでにTOEFL 550点を取りたいと思っています。
   考え方 「20歳になるまでに」by the time の次に「20になる」を置くが、ここで become は妥当か。C1 参照。

8. この調子で英語を勉強すれば、そのうち英語で夢を見ることができるようになりますよ。
   考え方 「夢を見る」dream, have dreams.　「この調子で〜すれば」go on studying English like this.

Unit 6

realize, notice, know, tell（認識動詞）

Warming Up

The italicized expressions in the following sentences are wrongly used. Correct them.

1. よく見てみると、その車にはへこんだ部分があるのに気づいた。
   On closer examination, I *realized* that the car had a dent in it.
   ⇨ C1

2. そのうち彼はどれほど君に恩義があるか気づくだろう。
   He will soon *notice* how much he is indebted to you.   ⇨ C2

3. この2つの英語の動詞の意味の違いがわかりますか。
   Can you *know* the meaning difference between these two English verbs?   ⇨ C3

4. William とは 10 年以上のつきあいです。
   I have *told* William for more than ten years.   ⇨ C4

COMMENTS on *realize, notice, know* and *tell*

Comment 1 〈realize〉

◆ realize は「気がつく」という意味の動作動詞だが、気がつく対象は主として思考の対象となる事柄で、目で見て判断できる内容ではない点に注意。

◆ realize には「実現する」という意味もあるが、その場合の目的語は

dream などの名詞が来る。
◆ 一般に、「気がつく」の意味のとき、realize のあとには that 節や wh 節が置かれる点に注意。

Comment 2 〈notice〉

◆ notice は realize と異なり、主として目で見たり、その他の感覚器官で認識できる事柄に気づく、という意味で使われることが多い。
◆ notice のあとには目的語として名詞句や that 節、wh 節を置くことができる。

Comment 3 〈know〉

◆ know は「知る」「わかる」といった動作動詞ではなく「知っている」「わかっている」という意味の状態動詞。
◆ know は日本語の「つきあい」にあたる場合がある。

　　[例] I've known him for a long time.
　　　　（昔から彼を（実際に会って、つきあって）知っている）

Comment 4 〈tell〉

◆ tell には Unit 1 で扱った「いう」の意味のほかに、「区別する」「識別する」「認識する」のような recognize とほぼ同じ意味の用法がある点に注意。

Exercise I

Fill in the blanks with *realize*, *notice*, *know* or *tell* to match the Japanese. (Change the form, if necessary.)

1. 帰宅したとき、明かりがついているのに気づいた。
   When I got home, I (　　　　) that the lights were on.　⇨ C2

2. 田中君は本物の 500 円硬貨と偽物の 500 円硬貨の見分けができるといっている。

Unit 6

Tanaka says he can (　　　　) genuine 500-yen coins from false ones. ⇨ **C4**

3. 私は自分のところの番号に電話しようとしていることにはっと気がついた。
   I suddenly (　　　　) that I was dialling my own number. ⇨ **C1**

4. Terry は子供をどう育てるべきかがわかっていた。
   Terry (　　　　) how to raise his children. ⇨ **C3**

5. 彼は自分の野望はどんなことをしてでも達成したいと思っている。
   He wants to (　　　　) his ambition at any cost. ⇨ **C1**

6. あんな大きな交通標識に気がつかなかったなんてことはありえないよ。
   How is it possible that you didn't (　　　　) such a large traffic sign? ⇨ **C2**

7. Smith さんとはどのくらい前からのおつきあいですか。
   How long have you (　　　　) Mr. Smith? ⇨ **C3**

8. Gary の話ぶりから、以前結婚していたことがわかる。
   You can (　　　　) from the way he talks that he used to be married. ⇨ **C4**

Exercise II

Put the following Japanese into English.

1. Richard は、自分がまわりから嫌われているということがやがてわかるだろう。
   考え方 ここでは「わかる」は realize, notice のどちらが適切か？「まわりから嫌われている」は「人々が彼を嫌っている」のように能動的にとらえることができる。**C1** 参照。

29

2. Alice はズバズバものをいうし、服装は派手だし、目立つタイプだよ。
   考え方 「ズバズバものをいう」outspoken.「派手」loud.「目立つ」は「簡単に気づかれる」と考える。

3. うちの父と君のお父さんとは 20 年前からのつきあいだそうだよ。
   考え方 「～だそうだよ」I hear (or understand).「20 年前からのつきあい」は「20 年間知っている」と考える。

4. ある人が何を考えているかということは、顔を見ただけでわかるものじゃありません。
   考え方 ここでの「わかる」は「判別、認識する」の意。「顔を見ただけで」simply by looking at his or her face.

5. コンピュータソフトの会社を作るのが私の夢です。10 年以内に実現したいと思っています。
   考え方 「コンピュータソフトの会社」computer software company.「実現する」C1 参照。

6. 日本の学生は大学に入るまではよく勉強するということは有名です。
   考え方 「有名」well-known, famous.「大学に入る」get into college.

7. ちょっと言葉を交わしたぐらいでは、その人物の性格はわからないものだ。
   考え方 「ちょっと言葉を交わす」exchange a few words.「性格」what someone is like. ここでの「わかる」は know か tell か？

8. 駅まで来てはじめて、定期券を家に忘れてきたことに気がついた。
   考え方 「定期券」season ticket, commuter's pass.「忘れる」ここでは「置き忘れ」と考えて leave を使う。ここでの「気がつく」は notice か realize か？

9. 「1 週間ほど前に久しぶりに丁藤君に会ったときずいぶん顔色が悪いのに気づいたんだけど」「彼は 2, 3 日前に過労で倒れたらしいよ」

[考え方] 「久しぶりに」after many years. 「顔色が悪い」look pale. 「気づく」は realize か notice か？「倒れる」collapse.

10. Weber 博士が帽子をとったとき、頭がきれいにはげ上がっているのに気がついた。
    [考え方] 「きれいにはげ上がっている」completely bald. ここでの「気づく」は realize か notice か。

11. 松田君のなまりから彼が東北出身ということがわかるよ。
    [考え方] 「なまりから」from one's accent. 「東北出身」from the Tohoku district. ここでの「わかる」は「識別できる」と考える。

Unit 7

scold, blame, criticize, complain

Warming Up

The italicized expressions in the following sentences are wrongly used. Correct them.

1. 私は君を責めたりはしない。同じことは誰にでも起こったかもしれないから。
   I don't *scold* you; the same thing could have happened to anyone. ⇨ **C1**

2. 夜遅くまで帰ってこなかったので、母からしかられた。
   My mother *blamed* me for staying out late. ⇨ **C2**

3. James は私が本当のことを話さなかったことにたいして不満をいった。
   James *criticized* that I hadn't told him the truth. ⇨ **C3**

4. Sally は私が冷たい態度をとったといって、私を非難した
   Sally *complained* me for being cruel to her. ⇨ **C4**

COMMENTS on *scold, blame, criticize* and *complain*

Comment 1 〈scold〉

◆ 目上の者が目下の者（特に大人が子供）をしかる場合、scold（もっと日常表現としては tell off）が使われる。scold には blame のような、責

任を問う、というニュアンスはない。
- scold は scold A〔対象〕for B〔内容〕の形になり、目的語としての that 節はとらない。
- scold はしかられる対象が目の前にいるときだけ使用可能という点で、criticize, blame, complain とは異なる。

Comment 2 〈blame〉

- blame は ある事柄に関して誰に責任があるかをいう場合に使われる。「〜を誰々のせいにする」「〜に関しては誰々が悪いという」という意味。ただ単に「しかる」という意味で blame を用いるのは誤り。
- 文法的には blame A〔対象〕for B〔内容〕、または blame B〔内容〕on A〔対象〕のように使う。

    〔例〕 blame him for the accident（その事故を彼のせいにする）
    　　　blame the accident on him

- blame には A is to blame（A が悪い、責められるべきだ）のような慣用的表現がある点に注意。

Comment 3 〈criticize〉

- criticize は「けちをつける」「あら捜しをする」「非難する」「批判する」などの意味がある。
- 文法的には scold, blame と同じように、criticize A〔対象〕for B〔内容〕の形になるが、that 節はとらない。

Comment 4 〈complain〉

- complain は「クレームをつける」「不平、文句、苦情を言う」「愚痴る」などの意味で使われる。
- 文法的には目的語として that 節をとる点に注意。形としては complain that, complain about, complain to A about B などがある。ただし、blame や criticize と異なり、complain A for B の形はとらない。

Exercise I

Fill in the blanks with *scold*, *blame*, *criticize* or *complain* to match the Japanese. (Change the form, if necessary.)

1. ほんの何分かサークルの会合に遅れて来たからといって、あれこれいわれるのは不愉快でたまらない。
   It's quite irritating to be (　　　) for being just a few minutes late for the club meeting. ⇨ C3

2. 昨日お客さんからサービスが悪いという苦情があったよ。
   Yesterday, a customer (　　　) about our poor service. ⇨ C4

3. 少しも家のことを手伝わないといって、お母さんからしかられてしまった。
   My mother (　　　) me for not helping her with housework at all. ⇨ C1

4. Tonyが死んだのを私のせいにするんですか。
   Do you (　　　) Tony's death on me? ⇨ C2

5. どうでもいいようなことで人のあら捜しをするのはもうやめるべきだよ。
   You should stop (　　　) other people for trivial things. ⇨ C3

6. 最近の学生の中にはまったく講義に顔を出さないのがいる、と加藤先生が僕にこぼしてたよ。
   Professor Kato (　　　) to me that some students never turn up for lectures. ⇨ C4

7. 私は今回の金融不祥事は大蔵省に責任があると思います。
   I think that the Ministry of Finance is to (　　　) for the recent financial scandal. ⇨ C2

34

8. お父さんの大事な釣り竿を折っちゃった。あとでたっぷりお灸を据えられるだろうな。
   I've broken Dad's favorite fishing rod. He will (　　　) me badly.　⇨ **C1**

Exercise II

Put the following Japanese into English.

1. 「今日 4 時からバイトなんだよ」「それでまた後藤先生の英語の授業サボるのかい。あとでたっぷりしぼられるぞ」
   考え方 「授業をサボる」skip (*or* cut) a class. 「それでまた〜」の部分は So で始める。「しぼる」scold か tell off を使う。

2. うちの大学の学食は相当ひどい味だと、ある学生が学食に直接クレームをつけたらしい。
   考え方 「学食」cafeteria, canteen, refectory. 「うちの大学の学食で出される (served) 料理 (food) はまずい (terrible)」がクレームの内容。この部分は that 節でも about ＋ 名詞句でも書ける。**C4** 参照。

3. わが社は最近業績不振だが、これについては社長に責任があると思います。
   考え方 「責任がある」は blame を使う。**C2** 参照。「社長」the president, the company chairman. 「最近の業績不振」は「わが社は最近振るわない」と考えて、our company is doing bad business these days を次の文で this (*or* that) で受けて blame とうまく組み合わせる。

4. 政治でも経済でも日本はアメリカにばかり目を向けすぎるという批判を受けることが多い。
   考え方 「目を向ける」pay attention to. 「〜という批判を受ける」be criticized for 〜.

5. Jane はしょっちゅう家庭、友達、そして学校の愚痴ばっかりこぼしているんだ。もううんざりだよ。

考え方 「～の愚痴をこぼす」complain about ～. ここは進行形にすると感情がよく表される。「うんざり」be sick of, be fed up with.

6. お客さんにキメの細かいサービスができてない、ということで店長からずいぶんしかられちゃったよ。
　　　考え方 「キメの細かいサービスをする」be attentive to the needs of customers. 「店長」the manager.

7. 昨日ゲームセンターで夜遅くまで遊んで帰ったので、父から大目玉を食らった。
　　　考え方 「ゲームセンター」amusement arcade. 「大目玉を食らう」be severely scolded, be severely told off. 「夜遅くまで」until late at night.

8. このあいだの試合でうちのチームは負けたけれど、それは監督のせいだという人もいるが、私はやっぱり選手のせいだと思う。
　　　考え方 「試合で負ける」lose a game. 「監督」manager. 「～のせい」blame を使う。

Unit 8

recognize, accept, admit, receive

Warming Up

Put the following English into Japanese, paying particular attention to the italicized expressions.

1. When I met Mr. Brown for the first time in 20 years I didn't *recognize* him at first.　⇨ C1

2. Seiji Ozawa is *recognized* throughout the world as a first-rate conductor.　⇨ C1

3. It is widely *recognized* that smoking can be a cause of lung cancer.　⇨ C1

4. He was *accepted* as an American citizen.　⇨ C2

5. I had to *accept* his job offer, though I knew it wasn't a good job.　⇨ C2

6. In the end, Jimmy *admitted* his mistake.　⇨ C3

7. John was *admitted* to the club.　⇨ C3

37

8. You will *receive* my letter in a few days.　⇨ **C4**

COMMENTS on *recognize*, *accept*, *admit* and *receive*

Comment 1 〈recognize〉

- ◆ すでに知っている人、事物をそれとして認識する、という意味がある。
- ◆ ある物、人物などを重要なこと、価値あることとして認める、承認する、という意味でも使われる。
- ◆ that 節も従えることができるが、その場合 that 節の内容を真実として認める、という意味になる。

Comment 2 〈accept〉

- ◆ 承認、賛成の気持ちで、人、事柄を「迎え入れる」「受け入れる」の意。
- ◆ 本当は受け入れたくない物、事柄をやむを得ず受け入れる、という意味もある。

Comment 3 〈admit〉

- ◆ 認めたくない事柄を、真実として承認する、という意味がある。
- ◆ ある場所、施設への入場、入学を許可する、認めるの意味でも使われる。

Comment 4 〈receive〉

- ◆ receive は accept と異なり、物を物理的に受け取る、の意味で使うのが一般的。
- ◆ receive は書き言葉ではよく使われるが、話し言葉では receive の代わりに get が使われることが多い。

Exercise I

Fill in the blanks with *recognize*, *accept*, *admit* or *receive* to match the Japanese. (Change the form, if necessary.)

1. これがおまえが殺しに使った拳銃だよ。見覚えがあるだろう。
   This is the gun you used when you murdered him. You (   ) it, don't you? ⇨ **C1**

2. 彼は最初渋っていたが、結局私の忠告を受け入れてくれた。
   In the end, he (   ) my advice, though he was reluctant to at first. ⇨ **C2**

3. 1週間後に彼は自分が強盗を働いたことを認めた。
   A week later he (   ) that he had carried out the robbery. ⇨ **C3**

4. 死んだあとはじめて彼は偉大な作家として認められた。
   Not until after his death was he (   ) as a great writer. ⇨ **C1**

5. 君は Kenan 氏から返事をもらったことを覚えていないのかい？
   You don't remember (   ) a reply from Mr. Kenan? ⇨ **C4**

6. Simon はバーミンガム大学の言語学科に入学を許可された。
   Simon was (   ) to the Department of Linguistics at Birmingham University. ⇨ **C3**

7. その国は1993年に独立国家として承認された。
   The country was (   ) as an independent nation in 1993. ⇨ **C1**

8. 徳川時代には儒教思想が幅広く定着していた。
   In the Tokugawa era, Confucianism was widely (   ) in Japan. ⇨ **C2**

Exercise II

Put the following Japanese into English.

1. （電話で）「もしもし、私です。わかりますか」「もちろんわかるよ。久しぶりだな」
   考え方 「私です。わかりますか」は「私の声が認識（recognize）できますか」と考える。「久しぶりだな」は「長いこと連絡がなかった（not hear from）」（現在完了の経験）で表す。

2. 私のホストファミリーは私を家族の一員として温かく受け入れてくれました。
   考え方 「ホストファミリー」host family.「家族の一員」a member of the family.「受け入れる」accept.

3. 確かにうちのサークルの部費が高すぎるということは認めるよ。だから新入部員が少ないんだろうな。
   考え方 「うちのサークルの部費」our club dues.「認める」accept か admit か？

4. 健二、福岡スイミングスクールの久保田さんという人から今日電話があって、年会費の5000円まだ受け取ってないっていってたよ。
   考え方 「～から電話があった」I got a phone call from ～.「年会費の5000円」5,000 yen as your annual membership fee.

5. うちの大学のオーケストラは関東地区ではトップレベルということで認められている。
   考え方 「大学のオーケストラ」university orchestra.「関東地区」the Kanto District.「トップレベル」one of the best orchestras.「認める」recognize.

6. この間の期末試験でカンニングをやったということを藤田君が素直に認めたそうだ。
   考え方 「期末試験」term-end exams.「カンニングをやる」cheat.「素

直に認める」honestly admit.

7. Dave がバイトの口があるというので、引き受けることにしたんだが、とんでもない間違いだったことに今気づいている。
   考え方 「Dave がバイトの口があるという」は「Dave が私にバイト（part-time job）を提供（offer）してくれた」と考える。「引き受ける」は receive か accept か？「気づく」Unit 6 参照。

8. 「昨日、今回の食中毒に関するお客さんからの苦情が 10 件あったよ」「申し訳ありません。衛生管理が不十分でした」
   考え方 「今回の食中毒」the recent food poisoning.「苦情が 10 件あった」は「10 件のクレーム（ten complaints）を受け取った」と考える。「衛生」食物の衛生（food hygiene）に十分注意しなかった、と考える。

Unit 9

think, feel, find, find out

Warming Up

The italicized expressions in the following sentences are wrongly used. Correct them.

1. あなたは電子マネーについてどう思いますか。
   How do you *think* about electronic money?　⇨ **C1**

2. 今度の飛行機事故についてどうお考えかをお聞かせください。
   Could you tell us what you *feel* about the recent air disaster?
   ⇨ **C2**

3. 警察はついに銀行強盗の居場所を突きとめた。
   The police eventually *found* where the bank robber was staying.　⇨ **C3**

4. 引出しの中から珍しい切手が見つかった。
   I *found out* a rare stamp in the drawer.　⇨ **C4**

COMMENTS on *think, feel, find* and *find out*

Comment 1 〈think〉

◆ 考える、思う、推量する、などの意味がある。
◆ 文法的には、that 節、wh 節を目的語としてとることができる。
◆ think の次に前置詞の of や about を置いて次に名詞句をとることもできる。「～についてどう考えますか」は What do you think about

〜? であって、How do you think about 〜 とはいわない点に注意。
♦ be thinking of 〜ing の形で、「〜してみようかと考えている(未決定)」の意味で用いられる。

Comment 2 〈feel〉

♦ feel は think と比べて、より直感的に感じる、思う、という意味がある。文法的には、名詞句、that 節、as if 節などを目的語としてとる。
♦ feel には、実際に触れて感じる、という触覚的意味もある。
♦「〜をどう思いますか(感じますか)」の英訳は How do you feel about 〜? となる点に注意。

Comment 3 〈find〉

♦ find は、(偶然に)見つける、〜ということが(経験的)にわかる、という意味がある。
♦ 文法的には、名詞句、that 節、wh 節、名詞句＋補語、などをあとに従える。
♦ find が that 節を従える場合、that の中身は客観的事実が来る点に注意。

　　　［例］ We found that he was away.〔この構文で節の内部に主観的な内容をもってくるのは不適切〕
　　　［誤りの例］ I found that the lecture was boring.〔この場合、I found the lecture boring とすればよくなる〕

Comment 4 〈find out〉

♦ find out は find と異なり、調査、努力の結果、ある情報、事柄を見つけるという意味。
♦ 文法的には、名詞句、that 節、wh 節を従える。
♦ 日本語の「見つける」が find で、「見つけ出す」が find out という日英対応が常に当てはまるわけではない点に注意。

Exercise I

Fill in the blanks with *think*, *feel*, *find* or *find out* to match the Japanese. (Change the form, if necessary.)

1. 食物繊維を多量に含んだ食べ物は体にいいと専門家たちは考ている。
   Scientists (　　　) that food containing a lot of fiber is healthy. ⇨ C1

2. 私は、脂っこいものを食べ過ぎると体調がおかしくなるということがわかりました。
   I (　　　) that eating too much fatty food makes me feel ill. ⇨ C3

3. 医者たちは彼の突然死の引き金になった原因を見つけようと努力している。
   The doctors are trying to (　　　) what caused his sudden death. ⇨ C4

4. 私は何かが肩に触れるのを感じた。
   I (　　　) something touching my shoulder. ⇨ C2

5. 今度の新しい数学の先生は気さくな人だと思った。
   I (　　　) the new math teacher very friendly. ⇨ C3

6. 私の息子をこんな目にあわせた人物が誰なのか、突きとめてほしいんです。
   I want you to (　　　) who tortured my son like this. ⇨ C4

7. ときどき僕は君がまったく赤の他人のような気がしてくるときがあるんだ。
   I sometimes (　　　) as if you were a complete stranger. ⇨ C2

Unit 9

Exercise II

Put the following Japanese into English.

1. 今夜サークルの仲間たちと一杯飲みに行こうかなと考えてるところなんだけど。
   考え方 「サークルの仲間達」friends in the club. 「飲みに行く」go out for a drink. 「考えている」まだ予定ずみでないときの動詞形は？

2. このあいだ桑田君と 2, 3 時間話して彼の本音を確かめてきたよ。
   考え方 「確かめる」find out. 「本音」は「彼が本当に何を考えているか」ととらえる。

3. Ted はサラ金から金を借りまくって、気がついたら借金地獄に落ちていた。
   考え方 「サラ金」loan sharks. 「気がついたら～だった」find oneself + 補語. 「借金地獄」deeply in debt.

4. 今日は何かいやなことが起こりそうな予感がするなあ。
   考え方 「予感がする」feel (or get a feeling) that ～. 「いやな」bad, nasty.

5. 今度のサークルの集まりがいつなのか調べてくれない？
   考え方 「サークルの集まり」club meeting. 「調べる」努力して見つける、と考える。

6. その精神科医は、なぜその 17 歳の少年が殺人にはしったのかを、突きとめようとやっきになっている。
   考え方 「精神科医」psychiatrist. 「突きとめる」は find か find out か？

7. 私はずっと英語をなまけていたので、気がついてみると以前よりずっと英語力が落ちていた。
   考え方 「なまける」neglect. 「気がついてみると～」find A B か find that

節 の形にする。「英語力が落ちる」自分の英語が以前より悪い (worse than before) と考える。

8. 「何してるんだい？」「バッグの中に入れたはずの携帯を探してるんだけど見つからないんだよ」
   考え方 「探す」ここでは手探りで探しているので look for よりも feel for の方が適切。**C2** 参照。「バッグに入れたはずの」バッグの中にあるに違いない、と考える。

9. いろんな人が私のことをいろいろと陰でいっているがわかっている。まるで全世界が自分の敵になったような気分だ。
   考え方 「陰で言う」criticize someone behind his back. 「まるで～の気分」feel as if + 仮定法. 「全世界が自分の敵」the whole world is against me.

Unit 10

want, like, would like, wish, hope

Warming Up

The italicized expressions in the following sentences are wrongly used. Correct them.

1. 朝学校に行く前に髪を洗いたがる女の子が多い。
   A lot of girls *want* washing their hair before going to school in the morning. ⇨ **C1**

2. どこに行こうか。寿司でもどうだい？
   Where shall we go? Do you *like* some sushi? ⇨ **C2**

3. うちの母は家事に追われているのが好きなんです。
   My mother *would like* to keep herself busy with a lot of housework. ⇨ **C3**

4. 明日はピクニックです。お天気になるといいですね。
   We're going on a picnic tomorrow. We *wish* the weather is fine. ⇨ **C4**

5. うちの家もお宅のと同じぐらい大きかったらいいんだけど。
   I *hope* my house was as big as yours. ⇨ **C5**

COMMENTS on *want, like, would like, wish* and *hope*

Comment 1 〈want〉

◆ want は特定の状況の中で一時的な願望を表すのが主な用法。すなわち次のような、時間と状況を特定できそうな文脈の中での欲求、願望を表すのに用いられる。

　［例］ I want to see you next week.（私は来週あなたに会いたい）

◆ 文法的には、名詞、to 不定詞をあとに従えることができる。
◆ 特定の状況ではなく、一般論的な文脈の中で、「〜することを望む、〜することが好きだ」のような場合、like の方が want よりもよく使われる。

Comment 2 〈like〉

◆ 文法的にはほぼ want と同じ用法だが、like は want と異なり、習慣的な好み、一般的な好みを表すのが主たる用法である点に注意。ただし I like it here.（私はここが気に入っています）のように一時性を表す場合もある。
◆ 厳密には like + to 不定詞 は一時的欲求を表し、like + 〜ing は習慣的好みを表すという相違が出る場合もあるが、実際には両者ともほぼ同様に、一般的、習慣的好みを表すのに用いられる。

　［例］ I like playing (*or* to play) tennis.
　　　　（わたしはテニスをするのが好きです）

Comment 3 〈would like〉

◆ would like は願望を表す丁寧な言い方。

　［例］ Would you like some coffee?（コーヒーはいかがですか）
　　　　〔相手に物をすすめるときの最も普通の表現。Do you want some coffee? よりもやや丁寧さがあがる点に注意〕

◆ want と同様に特定の状況の中で一時的な願望を表すのが主たる用法。

Unit 10

◆ 文法的には名詞句、to 不定詞をあとに従える。ただし、〜ing を従えない点に注意。

Comment 4 〈wish〉

◆ wish は、可能もしくは不可能な願望を表すが、仮定法とともに用いられるときは不可能な、または可能性の低い願望を表す。
◆ 文法的には、that 節(省略可能)、to 不定詞(やや堅苦しい用法)、間接目的語 + 直接目的語などをあとに従える。

　[例]　I wish you a merry Christmas. (クリスマスおめでとう)

◆ wish が仮定法節をあとに従える場合、時制の一致は起こらない点に注意。たとえば、そうしていたらよかった、と今思うなら I wish I had done that. のように、wish の現在時制と仮定法の組み合わせになるが、同じことを、その時思ったならば I wished I had done that. のように、wish の過去形と仮定法の組み合わせになる点に注意。

Comment 5 〈hope〉

◆ hope も願望を表すが、実現の可能性がある場合だけ使われ、実現不可能な願望には使用されない点に注意。
◆ 文法的には、that 節や to 不定詞をあとに従える。名詞をとる場合には前置詞の for が必要。

　[例]　We hoped for a raise. (われわれは昇給を期待した)

Exercise I

Fill in the blanks with *want*, *like*, *would like*, *wish* or *hope* to match the Japanese. (Change the form, if necessary.)

1. 私は週末は町に出てデパートで買い物をするのが好きです。
   I (　　　　) to go some shopping at department stores in the city center on weekends.　⇨ **C2**

2. 私は Davies 先生の英語学のゼミに出たいと思っています。

I (　　　) to attend Professor Davies' seminar on English linguistics.　⇨ **C1, C3, C4, C5**

3. この講義で君たちがやる気を出してくれればいいなあと思っています。
   I (　　　) this lecture of mine will encourage you to work harder.　⇨ **C5**

4. このホームステイ企画、もっと安かったらいいんだけど。
   I (　　　) this homestay scheme was a little bit cheaper.　⇨ **C4**

5. あなたは、一人旅と団体旅行とどちらが好きですか。
   Which do you (　　　) better, traveling by yourself, or traveling in a group?　⇨ **C2**

6. お茶でもいかがですか。
   (　　　) you (　　　) some tea?　⇨ **C1, C3**

7. 私は友達に e-mail を送るのが好きです。
   I (　　　) to e-mail my friends.　⇨ **C1**

8. あそこで右折していればよかったのに(と今思う)。
   I (　　　) I had turned right there.　⇨ **C4**

9. あそこで右折していればよかったのに(とそのとき思った)。
   I (　　　) I had turned right there.　⇨ **C4**

Exercise II

Put the following Japanese into English.

1. このクラッシックカーに乗って北海道までドライブするのはどうだい？
   考え方 「クラッシックカー」vintage car.　「乗って」in.　「～はどうだい？」ここで like は使えるか？

Unit 10

2. 夏の暑い日には冷えた生ビールを一気飲みするのが私の好みです。
   考え方 「冷えた生ビール」a glass of chilled draft beer. 「一気飲みする」finish 〜 in one go. 「好み」ここで want, would like は可能か？

3. うちのマンションは狭すぎるよ。一戸建てが買えたらいいなあと思うんだけど、実際には資金が足りないよ。
   考え方 「マンション」flat, apartment. 「狭い」small. 「一戸建て」house. 「〜たらいいなあ」は hope か wish か？

4. ロンドンにいらっしゃったときは、ぜひ私どものところにお越しいただきたいと思います。
   考え方 We do hope で始める。「お越しください」come and see us, drop in on us.

5. 何かしてほしいことがあれば遠慮なくいってください。できることは何でもします。
   考え方 「遠慮なく」without hesitation. 「いう」ここでは tell を使う。

6. 決まり決まったスケジュールに従って観光してまわることになるので、私は団体旅行というのは好きじゃありません。
   考え方 「団体旅行」package tour. 「観光してまわる」look around. 「決まり決まったスケジュール」fixed schedule.

7. 「Carter 先生は帰国しちゃったそうだよ」「あの先生、もう少し学生とのふれあいを大切にしていたらよかったんだけどね」
   考え方 「ふれあいを大切にする」は「学生とやりとりをする (talk to his students) 機会をもっと持っていたら」と考える。

8. 来月開催される外国人の日本語スピーチコンテストで、よい成績をおさめられることを期待しています。
   考え方 「外国人の」は「外国人のための」(for people from abroad (or overseas)) と考える。「よい成績をおさめる」do well.

Unit 11

must, have to, just have to (have only to), can't help

Warming Up

Put the following English into Japanese, paying particular attention to the italicized expressions.

1. I *must* remember to buy Christmas presents for the children. ⇨ C1

2. After the long trip from Canada to Japan, you *must* be tired. ⇨ C1

3. I *had to* take care of my children while my wife was away. ⇨ C2

4. You *just have to* listen to this music to see how talented he is. ⇨ C3

5. I *couldn't help* feeling sorry for the dog that was run over by a truck. ⇨ C4

COMMENTS on *must*, *have to*, *just have to* (*have only to*) and *can't help*

Comment 1 〈must〉

◆ 主として、義務、強制、必要を表す。
◆ must は過去形がないので、過去を表すときは、一般に have to を用いる。
◆ must には話者の推量、確信を表す用法もある。

Comment 2 〈have to〉

◆ have to も must とほぼ同じ意味で用いられる。
◆ やや押しつけがましいニュアンスのある must より、have to の方が柔らかい感じを伴うので、特に口語では have to の方が must より好まれる傾向がある。
◆ must に過去形がないので、過去の義務、強制、必要などの意味は have to で表すのが普通。
◆ All + 主語 + have to do is + 原形不定詞（*or* to 不定詞）で、「～さえすればよい（ほかはしなくてもよい）」という意味が表せる。

　　［例］　All you have to do is sign here.（ここにサインをしてもらえれば（ほかは何もしなくて）いいんです）

Comment 3 〈just have to, have only to〉

◆ just have to（または have only to）は、一般的に、目的を表す to 不定詞句とともに用いる。つまり、「～するには…しさえすればよい」「～しさえすれば…ができる（わかる）」などの日本語に対応する。
◆ just have to（または have only to）の節のあとには、to 不定詞だけでなく and で始まる節も来る。

　　［例］　You only have to look at the book *and you'll* realize how valuable it is.（この本を見さえすれば、どれほどの値打ちものかわかります）

◆ ただ単に「～しさえすればよい」という意味は、All you (*or* I, we,

etc.) have to do is 〜 で表すことができる。
◆ 単に「〜しさえすればよい」という意味を have only to で表すのは誤り。

Comment 4 〈can't help〉

◆ can't help 〜ing は「〜せざるをえない」「思わず〜してしまう」などの意味を表す。
◆ 注意すべきは can't help の次の動詞句は、go abroad（海外へ行く）や drive a car（車を運転する）などのような、自らの意思で選択決定できる事柄ではなく、laugh（笑う）、cry（泣く）、think（考える）、feel（感じる）などのような、自らの意思で選択決定できない事柄が来る点。したがって、I can't help going to work early tomorrow. のような表現は誤り。

Exercise I

Fill in the blanks with *must*, *have to*, *just have to*, *can't help* to match the Japanese. (Change the form, if necessary.)

1. 僕は金曜日までにこの本を図書館に返却しなければいけない。
   I (　　　　) return this book to the library by Friday.　⇨ C1, C2

2. 長いことお行儀よくしていなければいけなかったので、子供たちは機嫌が悪かった。
   The children were annoyed because they (　　　　) behave themselves for such a long time.　⇨ C2

3. この中古車が 200 万ですって？ 冗談でしょう。
   You say this second-hand car is two million yen? You (　　　　) be joking.　⇨ C1

4. 今月末までにこの英単語、熟語全部覚えなきゃいけないんだ。

I (　　　) memorize all these English words and idioms by the end of this month.　⇨ **C2**

5. ちょっと考えただけでも、このプロジェクトがどれほど危険なものかわかりますよ。
You (　　　) think a little bit about this project to recognize how dangerous it is.　⇨ **C3**

6. アメリカ経済がどれほど好調かは、この表を見ればわかります。
You (　　　) look at this chart to see how good the American economy is.　⇨ **C3**

7. あなたはただ一生懸命働いてお金を持って来てくれればいいのよ。
All you (　　　) do is work very hard and bring us money.
⇨ **C2**

8. 差別されたとわかったとき、怒りを抑えることができませんでした。
I (　　　) getting angry when I realized I was being discriminated against.　⇨ **C4**

Exercise II

Put the following Japanese into English.

1. 部屋があまりにも散らかっていたので、何時間もかけて片づけなければならなかった。
   考え方 全体は過去形だが、この場合 must は使えるか？「散らかる」messy.「片づける」tidy up.「何時間もかけて〜する」spend hours 〜ing.

2. もうそろそろ帰らなければなりません。おいしいお茶とケーキ、どうもありがとうございました。
   考え方 「帰る」go.「おいしい」very good.

3. ほんのしばらく Clark と話をしただけで、彼の頭のよさがわかるよ。
   考え方 全体の構文を have only to を使って、「Clark がいかに頭がいいかわかるためにはほんのしばらく彼と話をしさえすればよい」とする。「頭がよい」clever, smart.

4. 最近あまり勉強してないんで、来年は今年の何倍も気合を入れて勉強しなければいけないだろうなと思っています。
   考え方 「来年は...」will have to の形を使う。「今年の何倍も気合を入れて」many times as hard as this year.

5. この漫画、本当に笑えるよ。1 ページごとに少なくとも 1 回は思わず笑っちゃうんだ。
   考え方 「笑える」funny. 「思わず〜する」can't help を使う。

6. 「僕は窮屈な格好はにが手なんですが、でもやはり卒業式のときはスーツを着なくてはならないんですか」「いや、別にそういうことはありません」
   考え方 「窮屈な格好をする」wear formal clothes. 「卒業式」graduation ceremony.

7. その若者は心の病にかかっているようですね。お話からするとそう考えざるを得ません。
   考え方 「心の病」mental illness. 「かかる」suffer from. 「ようです」ここでは推量の must が使える。「お話からすると」from what you say. 「考えざるを得ない」can't help thinking.

8. 今日は初日だから皿洗いだけでいいよ。
   考え方 「今日しなければいけないすべてのことは皿洗い（wash the dishes）」と考える。「初日」first day.

Unit 12

can, could, may, will, be going to

Warming Up

Put the following English into Japanese, paying particular attention to the italicized expressions.

1. We want someone who *can* speak English and French. ⇨ **C1**

2. That sort of thing *can* happen to anyone. ⇨ **C1**

3. No one in the class *could* tell the difference in meaning between 'say' and 'tell'. ⇨ **C2**

4. *Could* you please explain why going to college is so important? ⇨ **C2**

5. That sounds a bit strange. He *may* be telling a lie. ⇨ **C3**

6. Mr. President, *may* I introduce to you Mr Kijima, the new Japanese ambassador? ⇨ **C3**

7. You*'ll* be in time for the class if you hurry. ⇨ **C4**

8. OK, I'*ll* mail the letter for you.   ⇨ **C4**

9. Lucy *is going to* cook something for us this evening.   ⇨ **C5**

10. The weather *is going to* be fine this afternoon.   ⇨ **C5**

COMMENTS on *can, could, may, will,* and *be going to*

Comment 1 〈can〉

◆ can は主として「〜できる」(能力)、「〜ということがありうる」(可能性)、「〜してくれますか」「〜してもいいです」(勧誘、許可) などを表す。
◆ そのうち、可能性については、物事の一般的、本質的または理論的可能性を表すことが多い (may の表す可能性と比較のこと)。
◆ can は、勧誘、許可を表すが、より丁寧な形としては could が用いられる。

Comment 2 〈could〉

◆ could は can の過去形。意味用法は can に準じる。
◆ ただし、「〜できる」という意味の、能力を表す用法に限っていえば、過去を表す場合、could よりも be able to が用いられることが多い。
◆ could は能力や可能性について、日本語でいえば「〜できるのではないだろうか」「〜という可能性があるのではないか」などのような、話者の(現在における)推量を表すのに用いられることが多い。
◆ 勧誘、許可の場合、can よりも could を使った方が、より丁寧で柔らかいニュアンスが出る点に注意。

Comment 3 〈may〉

◆ may は「…という事態から察して〜かもしれない」という意味の、可能性(話者の主観的推量)を表す用法がある。
◆ may には「〜してもよろしいですか」「〜してもよろしい」などのように、許可を求めたり、許可を与えたりする用法もある。
◆ ただし、「許可」の用法に関しては、can や could と違って、may はやや形式ばった場面や、上下関係のはっきりした状況で使われることが多い。

Comment 4 〈will〉

◆ will の用法は多岐にわたるが、基本的には、「〜だろう」といった話者の単純な未来予測の用法が重要。
◆ will には意思未来の用法もある。その際注意すべきは will の場合(特に I, we などの一人称主語の場合)、will を使って発話したときが、決断のときである点。日本語でいえば、「よし、〜することにする」というニュアンスになる (be going to の用法参照)。

Comment 5 〈be going to〉

◆ be going to は、現実に基づく、話者の確実な未来への見通しを表すのが主な用法の1つ。日本語でいえば、「…から判断すると〜になるだろう」といった意味になり、話者の単なる未来予測の場合によく使われる will と区別する必要がある。
◆ 「確実な未来」を表す、ということから、日本語でいえば、「〜することにしている」というような、すでに予定されている事柄を表す際によく用いられる。

Exercise I

Fill in the blanks with *can*, *could*, *may*, *will*, or *be going to* to match the Japanese. (Change the form, if necessary.)

1. 田中さんのお宅には何か大きな問題があるのかもしれない。

There (　　　) be some big problems in Tanaka's family.
⇨ **C2, C3**

2. 日本には3ヵ月くらい滞在の予定です。
I (　　　) stay in Japan for about three months. ⇨ **C5**

3. Johnは私の家を見つけることができなかった。
John (　　　) find my house. ⇨ **C2**

4. それはうそですね。私にはあなたの心が読めるのです。
You're lying to me. I (　　　) read your mind. ⇨ **C1**

5. 恐れ入りますが、タクシーを呼んでいただけないでしょうか？
Excuse me, but (　　　) you call me a taxi, please? ⇨ **C1, C2**

6. よし、じゃあ僕がプレイガイドでそのコンサートのチケットを買って来てやるよ。
OK, I (　　　) go to the ticket agency and buy the tickets for the concert. ⇨ **C4**

7. 彼女は3ヵ月後には出産の予定です。
She (　　　) have a baby in three months' time. ⇨ **C5**

Exercise II

Put the following Japanese into English.

1. お客様、恐れ入りますが、こちらの用紙にご記入をお願いできますか？
   考え方 「お客様」Excuse me, sir (*or* madam).「～をお願いできますか？」Could (*or* May) I ask you to ～? 「記入する」fill in.

2. 「凍りつくような寒さだね」「そうだね。この空模様だと雪になるよ」
   考え方 「凍りつくような」freezing.「この空模様だと」from the look of

60

the sky. 状況に基づく未来の予測は will か be going to か？

3. よし、私が直接社長に会って、次から次に社員をリストラするのはやめてくれということにするよ。
   考え方 「社長」president. 「社員」employee. 「リストラする」fire, sack. 発話時が同時に決断時の場合、will か be going to か？

4. (ファーストフードの店で)すみません、チーズバーガー2個と、コーヒーの小さいの2ついただけますか？
   考え方 「いただけますか？」はこの文脈で、May I...？は適切か？「チーズバーガー」cheese burger. 「コーヒーの小さいの」small coffee.

5. 「僕、今年の10月から1年間の予定で、UCLAで異文化コミュニケーションを勉強することになってるんだ」「そいつはすごい。がんばってね」
   考え方 すでに予定された未来は will か be going to か？「異文化コミュニケーション」cross-cultural communication. 「がんばってね」Good luck.

6. 「今度の金曜日に新入部員のための歓迎コンパを開くことになってるんだけど、Janet は来てくれるだろうか」「たぶん来ると思うよ」
   考え方 「新入部員」the new members of our club. 「歓迎コンパ」welcome party. 「開く」throw, give.

7. (学生から先生へ)「就職のことで先生にご相談したいことがあるんですけど、あすの午後に先生の研究室におうかがいしてもよろしいでしょうか」「ええどうぞ」
   考え方 「就職のことで」about my future career. 「相談する」talk to. 「研究室」office. 「～してもよろしいでしょうか」この場合 may か could を使う。

Unit 13

should, ought to, had better, may as well

Warming Up

Put the following English into Japanese, paying particular attention to the italicized expressions.

1. Why *should* we keep quiet about this scandal? ⇨ **C1**

2. John is an excellent cook, so this pasta he's just cooked, *should* be tasty. ⇨ **C1**

3. Mothers *ought to* teach their children how to speak properly. ⇨ **C2**

4. It's after seven, so let's phone John; he *ought to* be home by now. ⇨ **C2**

5. What's the matter with you, Henry? You look so ill. You*'d better* see a doctor. ⇨ **C3**

6. If he doesn't want his secret made public, he*'d better* pay them the money. ⇨ **C3**

7. You could check your English yourself, but as Ted's here, you *may as well* ask him to do it for you.   ⇨ **C4**

COMMENTS on *should, ought to, had better* and *may as well*

Comments 1 〈 should 〉

◆「～すべきだ、～のはずだ」という意味の、義務、当然性を表す（must より意味はやや弱い）。

Comment 2 〈 ought to 〉

◆「～すべきだ」という意味の、義務、当然性を表す（should より意味はやや強い）。使われる頻度は should より低い。

◆ ought to は should とほぼ同じように、「～のはずだ」という意味を表すが、「しかしひょっとするとそうでないかもしれない」という話者の疑念を含むことが多い。

Comment 3 〈 had better 〉

◆「～しないと不利益になる、ためにならない、危険である」といったニュアンスを含む advice を与える場合に使われる。

◆ 上記のニュアンスがあるため、状況、使い方によっては、相手に対する恫喝、脅しの意味が出る場合がある。

◆ had better には must, should, ought to, have to などにあるような、義務、当然の意味はない、という点に注意。

Comment 4 〈 may as well 〉

◆ may as well は、2つの選択肢のうちどちらを取っても、たいした違いはないが、あえていえば、～の方を取ってもいいかもしれない、というような消極的選択を表す。なお、may as well と might as well はほぼ同じように使うことができる。

Exercise I

Fill in the blanks with *should*, *ought to*, *had better*, or *may as well* to match the Japanese. (Change the form, if necessary.)

1. 君はご両親の期待にこたえるよう努力すべきだよ。
   You (　　　) try hard to live up to your parents' expectations.　⇨ C1, C2

2. 天気予報によれば、今日の午後は晴れる確率が高いらしい。
   According to the weather forecast, it (　　　) be fine this afternoon.　⇨ C1, C2

3. 確かこのマンションは築3年くらいのはずだけど。
   This flat (　　　) be about three years old.　⇨ C1, C2

4. この天気では登山はしない方がいいと思うよ。
   You (　　　) not climb mountains in this weather.　⇨ C1, C3

5. ここで見たことは忘れてしまった方が身のためだと思いますよ。そうしないと厄介なことになりますよ。
   You (　　　) forget what you've seen here, or you'll get into trouble.　⇨ C3

6. 家で何かを作るのもいいけれど、ピザランドの出前ピザも悪くないね。
   We could cook something at home, but we (　　　) order pizza from Pizzaland.　⇨ C4

7. FAXで連絡していただくのもいいですが、そこにいらっしゃるわけですから、直接お会いしてお話してもいいですね。
   You could send me a fax, but as you're in the area we (　　　) talk to each other face to face.　⇨ C4

Unit 13

Exercise II

Put the following Japanese into English.

1. 「これつまらないものですが、私からのプレゼントです」「そんなことはなさらないでください」
   考え方 「つまらないものですが」訳す必要なし。これは私の、あなたへのささやかな贈り物 (small present (*or* gift)) と考える。「そんなことは〜」は、そのようなこと (this) をすべきではない、と考える。

2. 「Ludwig 先生、僕はアメリカの大学で、向こうの講義についていけるでしょうか」「君ならまず大丈夫だろう」
   考え方 「講義」lectures. 「ついていく」keep up with. 「まず〜だろう」should で表す。「大丈夫」OK, all right.

3. このあたりに確か郵便局があるはずなんだが。ひょっとすると思い違いかな。
   考え方 「このあたり」around here. 「確か〜なんだが」確信に疑惑が混じっている様子は ought to, should で表す (もっと確信が強い場合は must. p. 53 参照)。「思い違い」wrong.

4. 君、授業中にお化粧をするのはやめなさい。非常識ですよ。
   考え方 「授業中に」in class. 「化粧をする」do one's face, put on one's make-up. 「非常識」should know better が使える。

5. 「最近ストーカーみたいなのからつきまとわれてんだ」「警察に知らせておいた方がいいんじゃないの」
   考え方 「ストーカーみたいなの」someone who seems to be a stalker. 「(私に)つきまとう」hang around me. 「知らせる」talk to 〜 about that. トラブルを避けるために〜したほうがよい、と考えて had better を使う。

6. 面倒なことに巻き込まれたくなければ、この件については黙ってるのが身のためだと思いますがね。
   考え方 「面倒なことに巻き込まれる」get into trouble. 「黙ってる」keep

one's mouth shut.　全体的に脅しめいた口調なので had better が適切。

7. 「今週末は家にいるつもりだ」「それじゃあ退屈するよ。どこかに出かけてもいいかもね」
   考え方 「どこかに出かける」go somewhere.　後半は、どちらでもいいけれど、あえていえば～のほうがいい、という意味なので may (*or* might) as well が適切。

8. 「おなかすいた？」「それほどでもないけど、近くのファミリーレストランで何か食べるのも悪くないね」
   考え方 「ファミリーレストラン」family restaurant.　「～するのも悪くない」may (*or* might) as well ～.

PART 2
形容詞・副詞編

Unit 14

surprising, surprised, shocking, shocked, amazing, amazed

Warming Up

The italicized expressions in the following sentences are wrongly used. Correct them.

1. 首相が突然辞任したというニュースを聞いて驚いた。
   I was *surprising* at the news that the prime minister had suddenly resigned.　⇨ **C1**

2. お祭りの人出の多さに驚いた。
   There were a *surprised* number of people at the festival.　⇨ **C2**

3. 若者の間に覚醒剤が広がっているというニュースに衝撃を受けた。
   I was really *shocking* to hear that more and more young people are using drugs.　⇨ **C3**

4. 昨日、新宿で通り魔殺人があったと知って驚いた。
   It is *shocked* to learn that a random murder took place in Shinjuku yesterday.　⇨ **C4**

5. 人間の体そのものが小宇宙を形成しているという教授の見解に聴衆は驚いた。
   The audience were *amazing* by the professor's view that the human body itself is a microcosmos.　⇨ **C5**

6. リッター30キロも走るこの車、じつに驚きだ。

Unit 14

This car, which can do 30 kilometers per liter, is really *amazed*.
⇨ C6

COMMENTS on *surprising*, *surprised*, *shocking*, *shocked*, *amazing*, and *amazed*

Comment 1 〈surprising〉

◆ 良いことにせよ悪いことにせよ「驚くべき」という意味を表す。
◆ 文法的には、主語は驚きの対象となる物事が来る。X is surprising というとき、X は驚くべき事柄、という意味。

Comment 2 〈surprised〉

◆ 良いことにせよ悪いことにせよ、「驚いた(驚かされた)」という意味を表す。
◆ 文法的には、驚かされた主体(人、機関、施設、生物)が主語になる点に注意。X is surprised というとき、X が驚いた、という意味。

Comment 3 〈shocking〉

◆ shocking は、一般的に「驚き」「恐怖」「嫌悪感」が合わさったような意味の、驚きや衝撃を表す。
◆ 文法的には surprising と同様、主語には驚きの対象(事故、事件など)となる事柄が来る。

Comment 4 〈shocked〉

◆ shocked は、shocking と同様、一般的に「驚き」「恐怖」「嫌悪感」が合わさったような意味の、驚きや衝撃を表す。「驚いた、衝撃を受けた、ショックを受けた」などの日本語にあたる。
◆ 文法的には surprised と同様、驚かされた、あるいは衝撃を受けた主体(人、機関、施設、生物)が主語になる点に注意。

Comment 5 〈amazing〉

◆ amazing は、「非常に驚くべき」という意味を表す。一般的には、信

69

じられないような、場合によっては奇跡に接するような驚きの念を表すことが多い。
◆ 文法的には surprising, shocking と同様、主語には驚きの対象(事故、事件など)となる事柄が来る。

Comment 6 〈amazed〉

◆ amazed は「非常に驚いた」という意味を表す。amazing と同様、一般的には、信じられないような、場合によっては奇跡に接するような驚きの念を表すことが多い。
◆ 文法的には surprised, shocked と同様、驚かされた、あるいは衝撃を受けた主体(人、機関、施設、生物)が主語になる点に注意。

Exercise I

Fill in the blanks with *surprising*, *surprised*, *shocking*, *shocked*, *amazing*, or *amazed* to match the Japanese.

1. Charlie がバイトをやめたというのは別に驚かないね。
   It's hardly (　　　　) that Charlie quit his part-time job.　⇨ C1

2. 学生がみんな予習してきていたのにはびっくりしたよ。
   I was (　　　　) that all the students had prepared for the class.　⇨ C2, C6

3. 心の病を持った人が増えているというのは衝撃的なことだ。
   It's (　　　　) that so many people are suffering from mental problems.　⇨ C3

4. その女性が9年以上も社会との接触を断たれていたというのはショッキングなことだ。
   I was (　　　　) to learn that the woman had been isolated from society for more than 9 years.　⇨ C4

Unit 14

5. たった1日で10ページの英文を暗記してくるとは驚きだね。
   It's (　　　) that you've memorized a 10-page-long English passage in just one day. ⇨ **C1, C5**

6. このロボットがまったく人間と同じように歩けるというのは実に驚くべきことだ。
   I'm (　　　) that this robot can walk just like a human being. ⇨ **C2, C6**

7. あの控えめでおとなしそうな青年が誘拐犯だったとは衝撃的事実だ。
   That a young man who seemed so gentle and reserved turned out to be the kidnapper was a (　　　) revelation. ⇨ **C3**

8. 人前で英語なんか話したくないと思っている日本の若者は意外に多い。
   A (　　　) number of young Japanese people do not want to speak English in front of others. ⇨ **C1**

Exercise II

Put the following Japanese into English

1. 山崎君がオーラルイングリッシュでAをとったのにはびっくりした。
   考え方 ここでは shocking, shocked が使えるか？「～でAをとる」take (or get) an A in ～.「オーラルイングリッシュ」oral English.

2. あの地震でこのおんぼろビルが倒れなかったのには本当に驚いた。
   考え方 ここでは shocking, shocked が使えるか？「倒れなかった」地震を生き残った (survived that earthquake) と考える。

3. 第2次大戦で全世界で6000万以上の人々が犠牲になったというのは衝撃的なことだ。
   考え方 「第2次大戦」World War II.「6000万人以上」more than 60

71

million people. 「犠牲になる」殺された、と考える。

4. 昨日、近くのコンビニに強盗が入ったと知ってショックだ。
   考え方 「近くのコンビニ」a convenience store nearby. 「強盗に入る」rob. 「知る」learn.

5. 最近 1 週間ほどロンドンに行ってきたんだが、日本人観光客の多いのには驚いたね。
   考え方 「行ってきた」〜に滞在した、と考える。「日本人観光客の多いのには」いかに多くの〜がそこにいたかを見て (to see how many Japanese tourists were there) と考える。

6. 幼い子供に対する凶悪犯罪が増えてきているというのは非常に衝撃的だ。
   考え方 「〜に対する凶悪犯罪」brutal crimes against 〜. 「〜が増えてきている」there have been more and more 〜.

7. 加藤君は先月、お金がなくて、2 週間カップめんだけで生活したということだけど、驚きだね。
   考え方 「お金がなくて」be hard up (for money). 「カップめん」instant noodles. 「2 週間〜した」2 週間〜だけを食べた、と考える。

8. 現代は、インターネットの活用により、一瞬で驚くべき量の情報が手に入る時代だ。
   考え方 「現代は〜時代だ」文副詞の these days (*or* nowadays) だけで処理できる。「インターネット」the Internet. 「一瞬で」in a moment, instantly.

9. 今の日本には結婚したくないと思っている若い男女が意外に多い。
   考え方 「〜が意外に多い」驚くべき数の若い男女が〜したがらない、と考える。C1 参照。

Unit 15

interesting, interested, funny, amusing, amused, exciting, excited

Warming Up

The italicized expressions in the following sentences are wrongly used. Correct them.

1. 私は観光産業により一層興味を持つようになっていました。
   I got more and more *interesting* in tourism.   ⇨ C1

2. この本にはアメリカの大統領選挙の仕組みについて興味深いことが数多く書かれている。
   This book says so many *interested* things about the American presidential election system.   ⇨ C2

3. 私は何か胸が躍るような事柄をこれからずっとやっていきたいと思ってます。
   I'd like to spend the rest of my life doing something *funny*.
   ⇨ C3

4. 隣に引っ越してきた男は何か変だ。
   There's something *amusing* about the man who has moved in next door.   ⇨ C4

5. 偉大な芸人であるJones氏は、おもしろおかしい話をするためにいつも大変な努力をしている。
   A great entertainer, Mr Jones is always trying very hard to tell *amused* stories.   ⇨ C5

6. 大英博物館ではじめてミイラを見たときの感動は今でも覚えている。
   I remember how *exciting* I was when, at the British Museum, I saw a mummy for the first time.   ⇨ **C6**

7. それはものすごく感動的な場面でした。
   That was a really *excited* scene.   ⇨ **C7**

COMMENTS on *interesting*, *interested*, *funny*, *amusing*, *amused*, *exciting*, and *excited*.

Comment 1 〈interesting〉

◆ 人の興味関心を引く、おもしろい、という意味を表す。
◆ 文法的には、主語には興味関心の対象となる事柄が（人物も含めて）来る。たとえば Terry is interesting. というと、Terry はおもしろい、人の興味を引く人物、という意味になる。

Comment 2 〈interested〉

◆ ある事柄に興味関心を喚起された、興味関心を抱く、という意味を表す。
◆ 文法的には、興味関心を引き起こされた主体（人、機関、施設、生物）が主語になる点に注意。

Comment 3 〈funny〉

◆ 物事がおもしろおかしい、笑える、という意味を表す。
◆ funny には、奇妙な、思いもよらない、理解しがたい、などの否定的な意味もある点に注意。

Comment 4 〈amusing〉

◆ funny と同様、物事がおもしろおかしい、笑える、という意味を表す。
◆ ただし、amusing には Comment 3 で述べた funny のもう 1 つの意味はない。

Comment 5 〈amused〉

◆ 笑わせてもらう、おかしがるなどの意味を表す。
◆ 文法的には、笑えるようなおもしろさを体験する主体(人、機関、施設、生物)が主語になる点に注意。

Comment 6 〈exciting〉

◆ 一般的に、興奮させる、感動的、わくわくさせる、のように、強い幸福感を引き起こす場合に使われる。
◆ 文法的には、主語は感動や興奮を与える物事や人が来る。

Comment 7 〈excited〉

◆ 一般的に、主体である人などが、興奮した、感動した、わくわくした、のように、強い幸福感を引き起こされる場合に使われる。
◆ 文法的には、感動させられた、興奮させられた主体(人、機関、施設、生物)が主語になる点に注意。

Exercise I

Fill in the blanks with *interesting*, *interested*, *funny*, *amusing*, *amused*, *exciting*, or *excited* to match the Japanese.

1. Hawking 博士の宇宙の起源についての講義は私には興味深く思えた。
   Dr. Hawking's lecture on the origin of the universe was (　　　) to me.　⇨ **C1**

2. あのへんてこりんな顔の人は道化師というんだよ。
   That (　　　)-looking man is called a 'clown'.　⇨ **C3**

3. 私は、Short 先生は日本人の同僚とうまくやっていくことに関心がおありだと思います。
   I think Professor Short is (　　　) in getting along with his

Japanese colleagues.　⇨ **C2**

4. ジェットコースターは本当にわくわくどきどきだね。
   Riding a roller coaster is really (　　　), isn't it?　⇨ **C6**

5. そんなどこにでも転がっているような話を聞いても誰も興奮したりしないよ。
   Nobody will get (　　　) about the same old story.　⇨ **C7**

6. こんな笑える話はめったにあるもんじゃない。
   Very few stories are as (　　　) as this one.　⇨ **C3, C4**

7. 彼のしゃべりかたにはちょっとおかしなところがある。
   There is something (　　　) about the way he talks.　⇨ **C3**

8. イギリス留学の奨学金がもらえると聞いたときは本当にうれしかった。
   I was really (　　　) when I was told that I had been granted a scholarship to study at a British university.　⇨ **C7**

9. 赤ちゃんをずっとあやし続けるのは本当にむずかしいね。
   It's very demanding to keep a baby (　　　).　⇨ **C5**

Exercise II

Put the following Japanese into English.

1. 日本語に似た言語がほとんどないというのはおもしろい事実です。
   考え方 「〜がほとんどない」非常に少ない言語が日本語に似ている (similar) と考える。

2. Sally は日本の若者たちの生活様式にものすごく興味を持っています。
   考え方 「生活様式」lifestyle.「興味を持つ」be interested in.

Unit 15

3. Max はいつもおかしな格好してて、ばかなことばかりいうから、みんなが近寄りたがらないんだ。
   考え方 「おかしな格好をする」look funny. 「近寄りたがらない」stay away from, don't want to get close to.

4. 「君がおかしなことをいうから、Mike が気分をこわしてしまったじゃないの」「別に悪気はなかったんだけど」
   考え方 「気分をこわす」get angry, feel offended. 「悪気はない」mean no harm.

5. この種のユーモアは非常に英国的なものだから、日本人には受けないと思うよ。
   考え方 「英国的」British, English. 「受けない」amusing (or funny) ではない、と考える。

6. あのテレビタレントはいつもお客の受けをねらってるから、さぞストレスたまるだろうな。
   考え方 「テレビタレント」TV personality. 「受けをねらう」お客 (audience) に何か笑えること (something amusing (or funny)) をいう、と考える。「ストレスがたまる」多くのストレスで苦しむ (suffer from a lot of stress) と考える。「さぞ～だろう」確信的推量の must を使う。Unit 11 参照。

7. サッカーでこれほど感動的な試合を見たことはありません。
   考え方 「感動的な」exciting. 全体を、これは私がこれまで見た中で最も感動的なサッカーの試合だ、というふうに最上級で表すことができる。

8. 2年前の夏休みに、ロサンゼルスのユニバーサルスタジオにはじめて行ったときは、ものすごく興奮したことを覚えています。
   考え方 「ロサンゼルス」Los Angeles. 「ユニバーサルスタジオ」Universal Studios. 「興奮する」feel (or get) excited.

Unit 16

annoying, annoyed, confusing, confused, embarrassing, embarrassed

Warming Up

The italicized expressions in the following sentences are wrongly used. Correct them.

1. Winston 先生は今ご機嫌ななめだから話しかけない方がいいよ。
   You'd better not talk to Ms. Winston, because she is *annoying* at the moment.　⇨ **C1**

2. タバコのポイ捨ての光景は本当に腹が立つ。
   It's very *annoyed* to see someone throwing away cigarette butts on the road.　⇨ **C2**

3. あのすっかりわからなくなってしまっている子供たちに、この数学の解き方を教えてやってくれませんか。
   Could you show those utterly *confusing* children how to solve this math problem?　⇨ **C3**

4. まったくこの交通標識はまぎらわしいね。
   What a *confused* traffic sign that is!　⇨ **C4**

5. あのとき私がどんなにバツの悪い思いをしたか想像できますか。
   Can you imagine how *embarrassing* I was at that moment?
   ⇨ **C5**

6. 昨日、授業中に寝ていたら先生に怒られて、恥ずかしい思いをした。
   My teacher told me off for sleeping in class yesterday. That was an *embarrassed* experience.　⇨ **C6**

COMMENTS on *annoying, annoyed, confusing, confused, embarrassing*, and *embarrassed*

Comment 1 〈annoying〉

◆ いらいらさせる、気分をこわさせる、怒らせる、などの意味を表す。
◆ 文法的には、主語としては、上に挙げた感情を引き起こす事柄が来る。したがって、たとえば Kate is annoying. といえば、「Kate はまわりの人を怒らせる(いらいらさせる)」という意味になる。

Comment 2 〈annoyed〉

◆ いらいらした、気分を害した、怒った、などの意味を表す。
◆ 文法的には、上に挙げた感情を引き起こされた主体(人、機関、施設、生物など)が主語になる点に注意。したがって、たとえば Judy is annoyed. といえば、「Judy は気分を害した(怒った)」という意味になる。

Comment 3 〈confusing〉

◆ 頭を混乱させる、どう考えてよいか判断できない状態にする、まぎらわしい、などの意味を表す。
◆ 文法的には、主語として、上に挙げた状態を引き起こす事柄が来る。したがって、たとえば、Nick's remark was confusing. といえば、「Nick のいったことはまぎらわしい(よくわからない)」という意味になる。

Comment 4 〈confused〉

◆ 頭が混乱した、どう考えてよいか判断できない状態になった、という意味を表す。
◆ 文法的には、上に挙げた状況を引き起こされた主体(人、機関、施設、生物など)が主語になる点に注意。したがって、たとえば The child is confused. といえば、「その子供は頭がこんがらがっている」という意味になる。

Comment 5 〈embarrassing〉

◆ 気恥ずかしい思いをさせる、バツの悪い気分にさせる、どぎまぎさせ

る、という意味を表す。
◆ 文法的には、主語としては、上に挙げた感情を引き起こす事柄が来る。したがってたとえば、This experience is embarrassing. といえば、「この経験は気恥ずかしい思いをさせる」という意味になる。

Comment 6 〈embarrassed〉

◆ 気恥ずかしい思いをする、バツの悪い思いをする、どぎまぎする、という意味を表す。
◆ 文法的には、上に挙げた感情を引き起こされた主体(人、機関、施設、生物など)が主語になる点に注意。たとえば、The person was embarrassed. は、「その人物はバツの悪い思いをした」という意味になる。

Exercise I

Fill in the blanks with *annoying, annoyed, confusing, confused, embarrassing,* or *embarrassed* to match the Japanese.

1. 自分よりずっと年下のものから、あれこれ指図されるのはしゃくにさわるものだ。
   It's really (　　　) to be told what to do by someone much younger than you are. ⇨ **C1**

2. 人前で Eveline から、あなたが好きです、といわれて本当にどぎまぎしてしまった。
   I felt very (　　　) when Eveline said to me in public, 'I love you.' ⇨ **C6**

3. どういうふうにその実験を行ったかについての彼の説明はまぎらわしかった。
   His explanation of how he had conducted the experiment was (　　　). ⇨ **C3**

4. あれほどきまりの悪い経験はそれ以前にはなかったことだ。

Unit 16

I'd never had such an (　　　　) experience before. ⇨ **C5**

5. パーティで弟の Ted のお行儀が悪かったので、僕はずいぶんバツの悪い思いをしたよ。
I was very (　　　　) because my brother Ted didn't behave well at the party. ⇨ **C6**

6. 私はやせたいと思っているのに、お医者さんはもっと食べなさいというので、わけがわからなくなってます。
I'm totally (　　　　); my doctor tells me to eat more, though I want to lose weight. ⇨ **C4**

7. うちの息子はまったく「親の心子知らず」なもんで、私もかなり気分をこわしています。
I'm really (　　　　) with my son; he never knows how I feel. ⇨ **C2**

8. いったい何で君はいつもそう人をいらだたせるようなことばかりいうの。
Why do you keep saying such (　　　　) things? ⇨ **C1**

Exercise II

Put the following Japanese into English.

1. 話の途中で邪魔されるのは大変腹の立つことだ。
   考え方 「邪魔する」interrupt. 「～の途中で」in the middle of. 全体を It is ... to do の構文で処理する。

2. 昨日 Linda に会ったとき、口もきいてくれなかったので頭にきちゃったよ。
   考え方 「頭にくる」get annoyed が使える。

3. Gatewood 先生は一度にたくさんのことを教えようとするから学生

が混乱するんだ。
　　[考え方]「一度に」at a time.「たくさん教える」teach too many things.「混乱する」get confused.

4. 英語のRとLの発音は日本人の学生にとって実にまぎらわしいものだ。
　　[考え方]「発音」pronunciation.「まぎらわしい」confusing.

5. 先日駅のトイレでFowler先生とばったり出くわして、なんとなくバツの悪い思いをした。
　　[考え方]「ばったり出くわす」come across, run into.「なんとなく」somehow.「バツの悪い思いをする」feel embarrassed.

6. 昨日のMiller先生の英語の授業のとき、質問されて答えることができなかったので気恥ずかしい思いをした。
　　[考え方] 全体を It was embarrassing that ... か I felt (or was) embarrassed when ... のどちらかで書く。

7. 大卒の就職率がここ数年非常に低いのは遺憾なことだ。
　　[考え方]「大卒の就職率」employment rate for college graduates.「ここ数年低い」ここ数年低いまま、と考えて現在完了を使う。「〜は遺憾」It is annoying that 〜.

8. おとといの会議で、ほかの連中がちっとも私のいう意見に耳を傾けようとしなかったので、ものすごく気分を害してしまった。
　　[考え方]「おととい」the day before yesterday.「ほかの連中」the others, the other people.「気分を害する」get (or feel) annoyed で表せる。

Unit 17

no, not, never, hardly, hardly ever (almost never), almost, almost all

Warming Up

The italicized expressions in the following sentences are wrongly used. Correct them.

1. こんな美しい風景を見たのははじめてです。
   I've *no* seen such a beautiful landscape.　⇨ C1

2. ここはあなたのような女の子が来る場所じゃないよ。
   This is *not* place for a girl like you.　⇨ C2

3. 「あなたはカナダからいらしたのですか」「いいえ。私はイギリスから来ました」
   "Are you from Canada?" "No, I'm *never*. I'm from Britain."　⇨ C3

4. 私は最近めったに朝のバスに乗り遅れることはありません。
   These days, I *hardly* miss the bus in the morning.　⇨ C4

5. そんなありふれた事件はほとんど何のショックにもなりませんよ。
   That commonplace incident is *hardly ever* shocking.　⇨ C5

6. 第三世界のほとんどの国が貧困にあえいでいる。
   Almost nations in the Third World are in great poverty.　⇨ C6

7. もうこれ以上書けません。ほとんどネタがつきてしまった。
   I can't write any more. I'm *almost all* dried up.　⇨ C7

COMMENTS on *no, not, never, hardly, hardly ever* (*almost never*), *almost*, and *almost all*

Comment 1 〈no〉

◆ 一般に否定の意味を表す。not との関連でいうと、no が名詞や形容詞の前に置かれると、not の場合よりもより強い意味を表す。

　　［例］　He is no teacher.（彼はまったくひどい教師だ；（あるいは）まったく教師なんかじゃありません（別な何かです））

◆ no は never と異なり「これまで～したことがない」などのような、時間に関わる否定の意味で使われることはない。

Comment 2 〈not〉

◆ no と共に一般に否定の意味を表す。no との関連でいうと、not が名詞や形容詞その他の前に置かれても、no の場合のような話者の感情的意味はない。

◆ ただし、not + a + 単数名詞（または not + a + single + 単数名詞）で、no + 名詞よりもさらに強調的意味になる場合がある点に注意。

　　［例］　Not a single car was running on the road.
　　　　　　（車はただの1台も走っていなかった）

Comment 3 〈never〉

◆ never も否定の意味を表すが、これまで～したことがない、あるいは、これからどんなときも決して～しない、というニュアンスで、これまでのすべての時間、あるいはこれからのすべての時間にまたがって、ある事柄を否定するという特徴がある。

　　［例］　I have never met him before.（これまで彼に会ったことがなかった（今はじめて会っている））

not にはそのような意味はないため、上の例文で not は不適当。

Comment 4 〈hardly〉

◆ ほとんど〜でない、〜しない、という意味の副詞。
◆ 主として It hardly snows here.(ここでは積雪はほとんどない)のように、量的意味で用いられ、hardly ever のように、頻度、回数的意味では用いない点に注意。
◆ hardly は hard (Unit 18 参照)の副詞形ではなく、両者はまったく意味が異なる点に注意。

Comment 5 〈hardly ever, almost never〉

◆ 頻度を表す副詞で、めったに〜しない、という意味を表す。

　　[例] He hardly ever visits us.
　　　　(彼はめったに我々のところには来ない)

Comment 6 〈almost〉

◆ almost は、ほとんど、すんでのところで、もう少しで〜するところ、などの意味を表す副詞。

　　[例] Almost every country was opposed to the plan.
　　　　(ほとんどすべての国がその計画に反対した)
　　　　The construction work was almost finished.
　　　　(その建設工事はほとんど終わっていた)

Comment 7 〈almost all〉

◆ almost all + 複数名詞と almost every + 単数名詞は同じ意味で用いられる。

　　[例] Those present at the party were almost all women.
　　　　(パーティに出席していた人はほとんどすべて女性だった)
　　　　〔この例文で all を省略できない点に注意〕

Exercise I

Fill in the blanks with *no, not, never, hardly, hardly ever, almost*, or *almost all* to match the Japanese.

1. 私はこれまで重い病気にかかったことは一度もありません。
   I've (　　　) been seriously ill.　⇨ **C3**

2. 私はよくピクニックには行きますが、山登りはめったにしません。
   I often go on picnics, but I (　　　) climb mountains.　⇨ **C5**

3. あの会社が倒産したというのはまったく驚くに値しない。
   (　　　) wonder that the company has gone bankrupt.　⇨ **C1**

4. 私たちがほしいのは、日本の援助金ではなく日本の人材派遣です。
   What we want is (　　　) monetary help from Japan but Japan's manpower.　⇨ **C2**

5. うちのクラスで、今度の英検2級合格者はほとんどが女子学生です。
   In my class, (　　　) the students who passed the latest second-grade Eiken test are girls.　⇨ **C7**

6. この種はいまや事実上絶滅したも同然です。
   This species is (　　　) extinct by now.　⇨ **C6**

7. 彼の英作文にはただの一箇所も誤りがないのは驚くべきことです。
   It's really surprising that there is (　　　) a single mistake in his English composition.　⇨ **C2**

8. この論文は恐ろしく退屈で、おもしろいことはほとんど何もいっていない。
   This extremely boring paper (　　　) says anything of interest.　⇨ **C4**

Unit 17

Exercise II

Put the following Japanese into English.

1. 「Linford 先生は腕のいい画家ですか？」「ピカソとくらべれば月とスッポンです。そのくせ高いお金を請求するいう評判ですよ」
   考え方 「ピカソとくらべれば月とスッポン」He is no Picasso. 「請求する」charge. 「評判です」people say that ...

2. 息子はいまニューヨークに行ってます。もうかれこれ1年くらい顔を見てませんが、ちゃんと食事をしているかなあと思います。
   考え方 「行ってます」今そこにいる、と考えて be in で表せる。「1年くらい顔を見ていない」現在完了を使うがその際、否定詞は not か never か？「ちゃんと食事をする」eat well (or properly).

3. 今度の事故ではずいぶんとご迷惑をおかけして申し訳ありませんでした。今後はもう二度とこのようなことがないようにいたします。
   考え方 「今度の事故」the recent accident. 「今後は〜いたします」こんなこと (this) が起こる (happen) ことがないようにする、と考える。

4. 「昨日は夜中の3時までスナックで友人たちとずっと飲んでました」「そんなにお酒を飲むと体に悪いということが、あなたはにはほとんどわかってないね」
   考え方 「夜中の3時」three in the morning. 「スナック」bar. 「ほとんどわかってない」realize と hardly (hard ではない) を組み合わせる。

5. 「僕はもう少しでレポートの提出締め切りが7月5日ということを忘れるところだった」「出さないと単位がもらえないぞ」
   考え方 「もう少しで忘れる」forget の前に副詞が必要だがそれは almost か hardly か？「締め切り」deadline. 「単位」credit.

6. 「アンケートに答えてくれた人のほとんどが、アメリカは親しみやすい国だといっています」「それはまあワンパターン的な考えですね」
   考え方 「アンケート」questionnaire. 「ほとんど」ここでは almost か almost all か？「ワンパターン的」stereotypical.

Unit 18

difficult, tough, hard, challenging, complicated, demanding

Warming Up

The italicized expressions in the following sentences are wrongly used. Correct them.

1. この難局を切り抜けるには、強靭な心を持った人間でなくてはならない。
   To overcome this problem, you must be *difficult*. ⇨ **C1**

2. これは金属のような硬い物質のようです。
   It seems to be some kind of *tough* substance like metal. ⇨ **C2**

3. Hatfield 博士は気むずかしいタイプだ。
   Dr. Hatfield is a *hard* person. ⇨ **C3**

4. どうしてあんな複雑に糸のからまったような状況に巻き込まれたのかわからない。
   I don't know how I got myself into such a *challenging* situation. ⇨ **C4**

5. 最近の学生はあれこれ要求がきつくなったね。
   These days, students are very *complicated*. ⇨ **C5**

6. 幼い子供を教えるのはむずかしいけれど、やりがいのある仕事だ。
   Teaching young children is a *demanding* job. ⇨ **C6**

COMMENTS on *difficult*, *tough*, *hard*, *challenging*, *complicated*, and *demanding*

Comment 1 〈difficult〉

◆ 物事が、〜しづらい、きびしい、理解しがたい、わずらわしい、不便、などの意味を表す。
◆ 人や生物が、気むずかしい、やっかいな性格の、喜ばせにくい、などの意味もある点に注意。

Comment 2 〈tough〉

◆ difficult と同様、物事が、きびしい、理解しがたい、わずらわしい、などの意味を表す。
◆ 人、生物、施設、制度などが、困難をものともしないほどに強い、強靭な、めげない、手ごわい、などの意味もある。
◆ 特に食物や皮類の、物理的な意味での硬さを表す。

Comment 3 〈hard〉

◆ difficult, tough と同様、物事が、きびしい、理解しがたい、わずらわしい、などの意味を表す。特に肉体的にきつい場合などに、よく使われる。
◆ 一般に金属、石、ガラスなどの固形物質の硬さを表す形容詞(肉、米飯などの食物の硬さは tough で表す点に注意)。

Comment 4 〈challenging〉

◆ 物事が、困難ではあるが、それなりにおもしろい、やりがいがある、やってみなければわからないが、挑戦のしがいがある、という意味を表す。

Comment 5 〈complicated〉

◆ 事柄が、混乱を引き起こすほどに複雑である、という意味を表す。

Comment 6 〈demanding〉

◆ 事柄が大きな、努力、能力、技術などを必要とする、要求がきびしい、という意味を表す。

◆ 人などが、不当なまでにあれこれうるさく要求する、人の手をわずらわさせる、などの意味もある。

Exercise I

Fill in the blanks with *difficult*, *tough*, *hard*, *challenging*, *complicated*, or *demanding* to match the Japanese. (Change the form, if necessary.)

1. Walter ほど性格のやっかいなやつはいないね。
   Walter is the most (　　　　) person I've ever known.　⇨ C1

2. こんなにもつれこんだ状況では、物事はうまくいきませんよ
   Things won't go well in such a (　　　　) situation.　⇨ C5

3. こんな要求のきつい仕事をやってのける自信があるの？
   Are you sure you can do such a (　　　　) job?　⇨ C6

4. ダイヤモンドがあらゆる物質の中で最も硬い物質だ。
   Diamond is the (　　　　) substance known to man.　⇨ C3

5. くじけないタイプの人間だけが、このコースを修了することができる。
   Only (　　　　) people can complete the course.　⇨ C2

6. 私はもっと歯ごたえのある仕事がしたい。
   I wish to do a more (　　　　) job.　⇨ C4

7. たいていの日本人にとって英語は習得のむずかしい言語であることは間違いない。

Unit 18

Undoubtedly, English is a (　　　) language to learn for most Japanese.　⇨ **C1**

8. 物事の交渉となるとロシア人は手ごわい相手だ、と多くの日本人が感じている。
Many Japanese feel that Russians are (　　　) negotiators.
⇨ **C2**

9. そんなにいつも、あれやこれやうるさいことばかりいわないでくれ。
Don't be so (　　　) all the time.　⇨ **C6**

Exercise II

Put the following Japanese into English.

1. うちのサークルの Chris はやっかいな性格だから、とてもじゃないが君なんかはうまくつきあえないよ。
   考え方 「うちのサークル」our club.「やっかいな性格の」difficult.「うまくやっていく」get along with. 全体を too ... to ～ の構文で書くことができる。

2. うちの母はどういうわけか姉よりもこの私に対して、態度がきびしいんです。
   考え方 「どういうわけか」I don't know why, but ...「態度がきびしい」be tough on.

3. なんで私立中学の入試はこんなに超難問ぞろいなんだろうか。
   考え方 「私立中学の入試」entrance exam problems for private junior high schools. 「超難問」extremely difficult.

4. 「こんなごちゃごちゃして複雑な仕事をあなた毎日やってるの？」
   「そうですよ。きびしいけれどおもしろいからね」
   考え方 「ごちゃごちゃして複雑な」complicated. 「きびしいけれどおもしろい」challenging 一語か、あるいは tough but interesting などでも表

せる。

5. 「この肉、硬くてかめないよ」「やっぱりスーパーの安売り肉はダメね」
   考え方 「硬い」ここで hard は使えるか？「かむ」chew, bite. 「スーパーの安売り肉」cheap meat available at the supermarket.

6. お別れするのはつらいけど、もう行かなくてはなりません。いろいろお世話になりました。
   考え方 「お別れする」say good-bye. 「つらい」difficult.

7. うちの店長はああせよこうせよと、とにかくうるさいやつなんだ。おまけに給料は安いときてる。
   考え方 「店長」manager. 「うるさい」要求がきついと考える。「おまけに」What's worse.

8. 「うちの兄貴、サッカーをやってる最中にこれまで3回も足の骨を折ったんだけど、ぜんぜん平気なんだ」「君のところの兄貴は、きっとめげないタイプなんだよ」
   考え方 「足の骨を折る」break one's leg. 「平気」think nothing of it など。「めげないタイプ」tough guy.

9. この仕事は肉体的にも精神的にもかなりきついけど、やりがいがあるから、とうぶんやめないよ。
   考え方 「肉体的にも精神的にも」both mentally and physically. 「きつい」hard, difficult, tough など。「やりがいがある」challenging.

Unit 19

relaxing, relaxed, refreshing, refreshed, pleasant, happy

Warming Up

Put the following English into Japanese, paying particular attention to the italicized expressions.

1. The atmosphere at the conference was very *relaxing*. ⇨ C1

2. We were very *relaxed*, drinking, talking, and singing. ⇨ C2

3. An early-morning walk can be *refreshing*. ⇨ C3

4. I felt very *refreshed* after having a sauna. ⇨ C4

5. I have never seen such a *pleasant* doctor. ⇨ C5

6. Every one of us wishes to be *happy*. ⇨ C6

COMMENTS on *relaxing*, *relaxed*, *refreshing*, *refreshed*, *pleasant* and *happy*

Comment 1 〈relaxing〉

◆ (人などを)リラックスさせる、緊張、心労から解放してくれる、のんびりさせる、などの意味を表す。
◆ 文法的には、主語として、上に挙げた心の状態を引き起こす事柄が来る。

Comment 2 〈relaxed〉

◆ (人などが)リラックスした、心配から解放された、のんびりした、などの意味を表す。
◆ 文法的には、一般的に上に挙げた心の状態を引き起こされた主体(人、機関、施設、生物など)が主語になる点に注意。

Comment 3 〈refreshing〉

◆ (飲み物や休息などが)リフレッシュしてくれる、さわやかな気分にしてくれる、元気を回復してくれる、などの意味を表す。
◆ 文法的には、主語として、上に挙げた心や体の状態を引き起こす事柄が来る。

Comment 4 〈refreshed〉

◆ (飲み物や休息などによって)リフレッシュした、さわやかな気分になった、元気を回復した、などの意味を表す。
◆ 文法的には、上に挙げた心や体の状態を引き起こされた主体(人、生物など)が主語になる点に注意。

Comment 5 〈pleasant〉

◆ (物事が)愉快で楽しい、気持ちがよい、(人などが)感じがよい、親しみやすい、愛想がよい、などの意味を表す。

Unit 19

Comment 6 〈happy〉

◆ (人などが)うれしい、幸せな、満足している、納得している、機嫌が よい、などの意味を表す。happy は長期にわたる気分だけでなく、一 時的気分も表す。

Exercise I

Fill in the blanks with *relaxing, relaxed, refreshing, refreshed, pleasant,* or *happy* to match the Japanese. (Change the form, if necessary.)

1. 自分の趣味を楽しむのは本当に気が休まるものだ。
   Enjoying one's favorite pastime is really (　　　). ⇨ C1

2. 気のおけない友人たちと楽しく話ができて本当にくつろいだ気分に なった。
   I felt very (　　　) while having a pleasant chat with some close friends. ⇨ C2

3. 健康ドリンクは元気が出るね。
   Drinking semi-medicinal beverages is (　　　). ⇨ C3

4. Jane おばさんに作ってもらったあったかい紅茶を飲んで、生き返っ た気になった。
   I was really (　　　) by the hot tea served by my aunt Jane. ⇨ C4

5. この田舎町のような感じのいい土地柄は珍しいですよ。
   Very few places are as (　　　) as this provincial town. ⇨ C5

6. 週末のパーティには喜んで出席させていただきます。
   I'll be (　　　) to come to the party this weekend. ⇨ C6

7. 私の説明、納得していただけたでしょうか。
　　Are you (　　　　) with my explanation?　⇨ C6

8. さんさんと日の光のふりそそぐ中で原っぱで横になるのは、実にのんびりするものだ。
　　It is very (　　　　) to lie on the grass in the meadow in the sunshine.　⇨ C1

9. 私は目を閉じ、すべての筋肉をゆったりさせて、しばらくの間長椅子に横たわっていた。
　　I lay on the couch for a while, with my eyes closed and all my muscles (　　　　).　⇨ C2

10. 5日ぶりに髪を洗って、ほんとうにサッパリしたよ。
　　I felt very (　　　　) after washing my hair for the first time in five days.　⇨ C4

Exercise II

Put the following Japanese into English.

1. 「ただいま」「お帰りなさい。疲れたでしょう。一風呂浴びたら？さっぱりしますよ」
　　考え方 「ただいま」Hi, Hello, I'm home. 「お帰りなさい」特にこの表現にあたる英語はなく、通常のあいさつ言葉である Hi や Hello でよい。「さっぱりする」refreshing か refreshed を使う。

2. 風呂上りのビールは格別爽快だね。
　　考え方 「風呂上りのビール」beer after a bath.

3. やっぱり露天風呂は最高だ。こうやってじっと湯につかっているだけでゆったりした気分になるよ。
　　考え方 「やっぱり」あえて訳す必要はない。「露天風呂」open-air bath.「湯につかる」bathe in the hot water.

Unit 19

4. 高木君、仕事のペースを落として、ゆったりしたらどうだい。君はきまじめに働きすぎるんだよ。
   考え方 「仕事のペースを落とす」slow down (pace down とは言わない)。「ゆったりする」relaxed を使って表すこともできるが、relax を自動詞として使うこともできる。「きまじめにはたらく」work hard.

5. Jimmy はいっしょに話をしていてとてもさわやかな若者です。
   考え方 「さわやか」pleasant. 全体の構文は、「話をする」を形容詞用法の不定詞として「若者」にかかるようにする。*cf.* something to write with (何か書くもの)

6. John はうれしそうな顔をしているけれど、内心ものすごく腹を立てているんだ。
   考え方 「うれしそうな顔をする」look happy. 「内心」at heart.

7. 「あなたは今のお仕事に満足してますか」「給料以外は一応納得してますよ」
   考え方 「〜に満足」happy with 〜. 「給料以外は」everything about it, except for the salary.

8. 「あんな感じのよさそうなご婦人がそんなひどいことをいうなんて、ちょっと信じられませんね」「人は見かけによりませんからね」
   考え方 「感じのよさそうな」pleasant-looking.

97

Unit 20

convenient, comfortable, easy, handy, portable

Warming Up

The italicized expressions in the following sentences are wrongly used. Correct them.

1. この車の後部座席はとっても快適ですね。
   The back seat of this car is really *convenient*.　⇨ C1

2. 何曜日が私のところにいらっしゃるのにご都合がいいですか？
   What day will it be *comfortable* for you to come to my place?
   ⇨ C2

3. 新幹線はやはり便利だね。なんといっても速いから。
   The Shinkansen is *easy*; it's very fast.　⇨ C3

4. 便利な生活が必ずしも人を幸福にするとは限らない。
   A *handy* life doesn't always make you happy.　⇨ C4

5. この持ち運びできるガスコンロは誰のですか？
   Whose is this *handy* gas stove?　⇨ C4

6. こんなに操作が簡単で便利な電気掃除機ははじめてだ。
   I've never used such a simple and *portable* vacuum cleaner.
   ⇨ C5

COMMENTS on *convenient*, *comfortable*, *easy*, *handy*, and *portable*

Comment 1 〈convenient〉

◆ 時間と労力を省いてくれるという点で便利な、役に立つ、使い勝手のいい、などの意味がある

　　［例］　Taxis are convenient.
　　　　　　（タクシーは（時間と労力が節約できて）便利だ）

convenient には comfortable のように、物理的、肉体的快適さを表す、ということはない点に注意。

◆ ある目的や計画（例：人と会う約束）を実現する上で都合のよい、適切な、問題のない、などの意味も表す。

Comment 2 〈comfortable〉

◆ 肉体的（あるいは精神的）な意味でリラックスさせてくれるものに対して使う。

　　［例］　a comfortable chair（快適な椅子）

convenient のように、時間の都合がよい、という意味はない。

◆ 人や生物が comfortable の主語として使われる場合、その主語にあたるものが、肉体的（あるいは精神的）に快適な、くつろいだ状態にある、という意味になる。

　　［例］　I'm comfortable.（私はくつろいでいます）

◆ comfortable には、金銭的に豊かな、ものがたくさんあって満たされた、便利な、という意味もある。

　　［例］　a comfortable life（豊かで便利な世の中）

Comment 3 〈easy〉

◆ ある事柄が簡単で、特にむずかしさ、問題がない、という意味で用いられる。

［例］　an easy exam（簡単な試験）

◆ 苦労の種や、物事を妨げる障害がないという意味で、気楽な、便利な、快適な、という意味でも使われる。

　　　［例］　an easy life（快適で便利な生活）

　　この意味での easy は comfortable とほぼ同じ意味。

Comment 4 〈handy〉

◆ あるものが、有益で、簡単に使えて便利、という意味を表す。同じ意味で使える形容詞には convenient, useful がある。

　　　［例］　a handy camera（使いやすくて便利なカメラ）

　　handy には portable のような「持ち運びできて便利」という意味はない。

Comment 5 〈portable〉

◆ あるものが、容易に持ち運びができて便利な、という意味を表す。

　　　［例］　a portable TV（携帯テレビ）

Exercise I

Fill in the blanks with *convenient*, *comfortable*, *easy*, *handy* or *portable* to match the Japanese. (Change the form, if necessary.)

1. 今週の土曜日はご都合いいですか。
　　Will this Saturday be (　　　　) for you?　⇨ C1

2. Linda はとっても話しやすい人です。
　　Linda is quite (　　　　) to talk to.　⇨ C3

3. 食器洗い器はとても便利なものです。
　　The dishwasher is a very (　　　　) gadget.　⇨ C1, C4

Unit 20

4. 飛行機の旅は実に快適だ。
   Traveling by air is very (   ). ⇨ **C2**

5. 持ち運びできて便利なコピー機があったらいいのになあ。
   I wish I had a (   ) copier. ⇨ **C5**

6. 人間は生活をより便利なものにするために多くの努力をしてきた。
   Human beings have striven to make life (   ). ⇨ **C2, C3**

7. 今の私たちは便利な機械に取り囲まれて生活している。
   Today, we live surrounded by (   ) machines. ⇨ **C1, C4**

8. これは何と座りごこちのいいソファだろう。
   What a (   ) sofa this is! ⇨ **C2**

Exercise II

Put the following Japanese into English.

1. 「来週の月曜日はご都合はいいですか？」「午後3時以降ならば問題ありません」
   考え方 ここでの「都合」は convenient かどうかの問題。「午後3時以降〜」午後3時の後ならば何時でも (any time after three) よい、と考える。

2. 「まあなんと快適なお宅でしょう」「うちには必要なものはほとんどすべてそろってます」
   考え方 「快適な」comfortable.「ほとんどすべて」almost everything.「そろってます」所有している、と考える。

3. 最近生活がほんとうに便利になったね。今の若者は、昔どれほど生活が不便だったか想像ができないだろうね。
   考え方 「便利になった」今現在 life が easy (or comfortable) であると

101

考える。「昔」years ago, in the past.「どれほど不便だったか」how difficult (*or* uncomfortable) life was.

4. この和英辞典はとっても便利だ。特に例文がものすごく実用的だ。
   考え方 「和英辞典」Japanese-English dictionary.「便利」ここで comfortable は使えるか？「例文」examples.「実用的」practical.

5. 今どきのテレコは使いやすくて、持ち運びに便利で、それに音質も抜群だね。
   考え方 「テレコ」cassette player (*or* recorder).「使いやすい」handy.「抜群」very good, excellent.

6. 君は何不自由のない生活を送っていますが、自分でその幸せを実感してますか？
   考え方 「何不自由のない生活」快適な生活と考える。「その幸せ」いかに自分が幸せか (how happy you are) と考える。「実感する」realize.

7. 海外での一人暮らしは君が考えているほど楽なもんじゃありませんよ。いろんな問題に出くわしますよ。
   考え方 「海外での一人暮らし」living abroad by yourself. 全体は比較構文で、not as easy as の形を使う。

8. 車は確かに便利だけれど、維持費が高くつくのが難点だな。
   考え方 「維持費が高い」〜を維持する (keep) のが高い (expensive) と考える。「...が難点だ」the problem (*or* trouble) is that...

9. いろんな便利なものがあるおかげで、世の中がたいへん便利になったということは間違いない。
   考え方 「便利なもの」convenient (*or* handy) things が世の中を便利にした、という構造にすれば無生物構文で書くことができる。ここで2つの「便利」は同じ表現で書けるか？

Unit 21

few, a few, quite a few, few of, a few of, quite a few of

Warming Up

The italicized expressions in the following sentences are wrongly used. Correct them.

1. 台風や地震などの自然災害がほとんどない国がいくつかあります。
   There are *few* countries which are totally free from natural disasters as typhoons and earthquakes.　⇨ **C1**

2. この都市のかなりの数の会社が赤字経営らしいです。
   A few companies in this city are said to be in the red.　⇨ **C2**

3. 現代人は情報化社会に生きているということを否定する人はほとんどいないでしょう。
   Quite a few people would deny that we live in an Information Age.　⇨ **C3**

4. このあたりの家のうち、3階建てのものはほとんどありません
   Few of houses in this neighbourhood are three-story ones.　⇨ **C4**

5. この映画はまったく見る価値なしとけなしたものが、その批評家のうち何人かいます。
   A few of critics dismissed this film as totally worthless.　⇨ **C5**

6. 私のクラスでアメリカ映画の『オズの魔法使い』を見て感動した子供がかなりいます。

   Quite a few of children in my class got excited over the American film 'The Wizard of Oz'. ⇨ **C6**

COMMENTS on *few*, *a few*, *quite a few*, *few of*, *a few of*, and *quite a few of*

Comment 1 〈**few**〉

- ◆ 可算名詞の複数形とともに使われ、数が少ない、ほとんどない、などの否定的意味で使われる。a few ならば、(数は少ないけれど)ある、という肯定的意味になるが、few は、(より数が少なくて)ほとんどない、というような、no に近い意味で使われる。
- ◆ few をさらに強めて very few とすれば、数が非常に少ない、ほとんどゼロに近い、という意味を表す。

Comment 2 〈**a few**〉

- ◆ 可算名詞の複数形とともに使われ、少ないながらもいくつかの、ある程度の数の、というニュアンスで、some, several などとほぼ同じように肯定的意味合いで使われる点に注意。
- ◆ ただし、a few のまえに only を置いて only a few とすれば、数の少なさを強調するようなニュアンスが出る。

  [例] Only a few people attended the meeting.
  　　　(会議に出席したのはごくわずかであった)

Comment 3 〈**quite a few**〉

- ◆ 可算名詞の複数形があとに来る。少なくない数の、かなりの数の、などのほぼ many に近い意味を表す。
- ◆ quite a few と同じような意味を持つ表現として not a few があるが、これはやや formal で、日常ではあまり使われない点に注意。

Comment 4 〈few of〉

◆ 可算名詞の複数形とともに使われ、数が少ない、ほとんどない、などの否定的意味で使われる。
◆ ただし、of の次には、たとえば、私のクラスの男子学生、この町のお医者さん、などのような、定冠詞類で指示されるようなある特定の集団が来る点に注意。
◆ few of の次に限定を伴わない一般的な集団を置くことはできない。

　　　［誤りの例］　few of magazines, few of modern cars

Comment 5 〈a few of〉

◆ 可算名詞の複数形とともに使われ、少ないながらもいくつかの、ある程度の数の、というニュアンスで、some, several などとほぼ同じように肯定的意味合いで使われる点に注意。
◆ ただし、of の次には、few of の場合と同様、たとえば、このバスに乗り合わせた乗客、この映画を見た人々、などのような、定冠詞類で指示されるようなある特定の集団が来る点に注意。
◆ few of の場合と同様に a few of の次に限定を伴わない一般的な集団を置くことはできない。

　　　［誤りの例］　a few of people, a few of young children

Comment 6 〈quite a few of〉

◆ 可算名詞の複数形とともに使われ、少なくない数の、かなりの数の、などの、ほぼ many に近い意味を表す。
◆ ただし、of の次には、few of, a few of の場合と同様、定冠詞類で指示されるようなある特定の集団が来る点に注意。
◆ few of, a few of の場合と同様に、quite a few of の次に限定を伴わない一般的な集団を置くことはできない。

　　　［誤りの例］　quite a few of newspapers

Exercise I

Fill in the blanks with *few*, *a few*, *quite a few*, *few of*, *a few of*, or *quite a few of* to match the Japanese.

1. この新語を載せている辞書はほとんどありません。
   (   ) dictionaries give this new word.   ⇨ **C1**

2. この町の住人の中には、近くにごみ処理場ができることに反対している人がかなりいます。
   (   ) the people in this town are opposed to building a rubbish dump nearby.   ⇨ **C6**

3. その老人達のうちの何人かは耳が遠いです。
   (   ) the elderly people are hard of hearing.   ⇨ **C5**

4. ここに展示されている車の中で手ごろな価格のものはほとんどない。
   (   ) the cars exhibited here are reasonably priced.   ⇨ **C4**

5. 地震が多発する国がいくつかあります。
   There are (   ) countries where earthquakes are frequent.   ⇨ **C2**

6. 軍備増強に躍起になっている国が少なくありません。
   There are (   ) countries which are eager to increase their military strength.   ⇨ **C3**

Exercise II

Put the following Japanese into English.

1. 日本の政治家で英語が話せる人はほとんどいないという事実をどう思いますか？
   考え方 「政治家」politician. 「ほとんどいない」は a few か few か？

Unit 21

「…という事実」the fact that …(that のあとに節を置く)「どう思うか」What do you think of …?

2. 東京の大学に留学している外国人学生で、日本の物価高に苦しめられていない人はほとんどいません。
   考え方 「東京の大学に留学している」という明確な限定がある場合 few か few of か？「物価高」high prices.「苦しむ」suffer from, be bothered by, be troubled by.

3. 私が教えている学生の中にも、ちょっと太り気味のものがけっこういます。
   考え方 「ちょっと太り気味」a little bit fat.「けっこういる」少なからぬ数の、と考える。

4. 日本の大学生にとって夏は海外旅行の季節のようです。たとえば、私の友人の中で今度の夏休みに日本にずっといる続ける人はごくわずかです。
   考え方 「私の友人の中で〜はごくわずかです」ある特定の集団について述べている場合、few か few of か？

5. 毎年のことですが、新入生コンパで、急性アルコール中毒のために死亡する大学生が何人かいます。
   考え方 「新入生コンパ」a welcome party for freshmen.「急性アルコール中毒」alcoholic poisoning.

6. 私が知っている人の中で、酒を飲むと決まって二日酔いになる人が何人かいます。
   考え方 「私が知っている人」my acquaintances.「二日酔いになる」suffer from hangovers.「私が知っている人の中で」特定の集団が述べられている場合 a few か a few of か？

7. 世界中の若者に親しまれている日本の漫画がけっこうあります。
   考え方 「世界中の」throughout the world.「親しまれる」be enjoyed.

107

Unit 22

unique, particular, special, unusual, strange, rare

Warming Up

Put the following English into Japanese, paying particular attention to the italicized expressions.

1. In the solar system, the earth is *unique* in that it has atmosphere, water, and life. ⇨ **C1**

2. When we say human beings use language, we are not referring to any *particular* language. ⇨ **C2**

3. Ringo is very *particular* in his choice of friends. ⇨ **C2**

4. He has a *particular* interest in how to get people's attention. ⇨ **C2**

5. Mr. and Mrs. Brown are the *special* guests at this dinner. ⇨ **C3**

6. It was *unusual* for my father to come home so early. ⇨ **C4**

7. Frank had a *strange* habit of biting the tip of his tongue when irritated.　⇨ **C5**

8. I have a vintage car, and it's an extremely *rare* one.　⇨ **C6**

COMMENTS on *unique*, *particular*, *special*, *unusual*, *strange*, and *rare*

Comment 1　〈 unique 〉

◆ たとえば人間の指紋 (fingerprints) のように、他に比類がない、唯一の、独特の、という意味を表す。

◆ カタカナ表現の「ユニーク」とは必ずしも意味が同じではない点に注意。「ユニーク」にあたる英語は、strange, funny, eccentric などが挙げられる。

　　［例］　Glen is a little bit eccentric.
　　　　　　（Glen はちょっとユニークなタイプだ）

Comment 2　〈 particular 〉

◆ ある特定の、話題に上がっているその、当該の、などの意味がある。

◆ be particular about (*or* in, as to, to do) の形で、～に好みがうるさい、細かい、神経質な、などの意味もある。

◆ ほぼ special と同様に、格別の、特別な、の意味で使われることもある。

Comment 3　〈 special 〉

◆ ある事柄や人物などが、特別な、特別に重要な、格別の、などの意味がある。

Comment 4 〈unusual〉

◆ ある事柄が、いつもと違う、普通の状況でない、異常な、などの意味を表す。

Comment 5 〈strange〉

◆ ある事柄や人物などが、異様な、変な、風変わりな、奇妙な、などの意味を表す。
◆ funny, eccentric, odd などとともに、カタカナ表現の「ユニーク」にあたることがある。

Comment 6 〈rare〉

◆ ある事柄や人物、ものなどが、まれな、珍しい、めったに見られない、などの意味を表す。
◆ 特にもの(例:貴金属類、骨董品)に使われるときは、まれで珍しいために、希少価値が高いという意味の含みがあることがある。

Exercise I

Fill in the blanks with *unique, particular, special, unusual, strange,* or *rare* to match the Japanese.

1. 僕のおじいちゃんは僕にとって特別に大切な人でした。
   For me, my grandfather was a (　　　) person.　⇨ C3

2. 私は今度の事件に関しては特に申し上げることはありません。
   I have nothing (　　　) to say about what happened recently.　⇨ C2, C3

3. Raymond は着るものについてかなりうるさい。
   Raymond is (　　　) about what he wears.　⇨ C2

4. この文書はある特定の国を非難しているわけではありません。
   This document doesn't criticize any (　　　) country.　⇨ C2

5. 彼には独特のユーモアのセンスがある。
   He has a (　　　) sense of humor. ⇨ **C1**

6. うちの息子がこんなに遅く帰ってくるなんて普通じゃない。
   It's quite (　　　) for my son to come home so late. ⇨ **C4**

7. うちの父のちょっとユニークなところは、お風呂に入ると必ず一曲歌を歌うことです。
   What is a bit (　　　) about my father is that he always sings in the bath. ⇨ **C5**

8. うちの置き時計が非常に珍しいものだと聞かされて驚いた。
   I was surprised when I was told that the clock in my house is a very (　　　) one. ⇨ **C6**

Exercise II

Put the following Japanese into English.

1. Burns 教授はちょっとユニークな人で、授業を始める前に必ず教壇でお祈りをするんだ。
   考え方 ここで「ユニーク」は unique か？「教壇」platform.「お祈りをする」pray.

2. 「君は誰のことをいっているんですか」「私は別に誰といって、特定の人物のことをいっているわけじゃないよ」
   考え方 「いう」talk.「特定の」particular か special か？

3. Lisa は自分の思い通りに人を動かすことに格別の才能があるようだ。
   考え方 「自分の思い通りに」as she wishes.「動かす」get people to do. 「格別の」particular か special か？「～に才能がある」have a talent for ～.

4. Mozart は、自分の作品に書き直して手を加えるということをしなかったという点で、他に比類がない。
   [考え方]「自分の作品」his works. 「書き直して手を加える」rewrite.「...という点で比類がない」be unique in that...

5. 「今日は僕が家事をやってあげるよ」「え？ どうしたの？ あなたが私にそんなにやさしいっていうのは、ぜんぜんフツーじゃないわね」
   [考え方]「家事」housework.「フツーじゃない」常の状態と異なる、と考える。後半の構文は It is + 形容詞 + for you to be + 形容詞。

6. 「この掛け軸は先祖伝来のものなんです」「ほう、これはめったにないものですね。300万というところですね」
   [考え方]「掛け軸」scroll.「先祖伝来」be handed down from one's ancestors.「めったにない」希少で珍しい、にあたる形容詞は？「300万」300万円の価値があると考え、be worth ～ の形を使う。

7. 「食事にはけっこううるさいほうですか」「ピーマン以外は大丈夫です」
   [考え方]「けっこううるさい」be particular about の形を使う。「ピーマン」green pepper.「大丈夫」何でも食べる、と考える。

8. 最近異常な犯罪が多くて、日本も住みにくくなったという感じだな。
   [考え方]「異常な」unusual か rare か？「犯罪」crime.「住みにくい」be difficult to live in.

9. 吉田君の性格で他の人にちょっと見られないのは、自分の短所をどう隠すかを実によく心得ているという点だ。
   [考え方] 全体を What is + 形容詞 + about Yoshida is that... とする。「短所」shortcomings, faults.「隠す」hide, conceal.

10. 英語を勉強している日本人が犯す誤りに特に注意していただきたいのです。
    [考え方]「誤り」mistakes, errors.「特に注意する」pay particular (or special) attention.

Unit 23

disappointing, disappointed, depressing, depressed, discouraging, discouraged

Warming Up

The italicized expressions in the following sentences are wrongly used. Correct them.

1. 池袋のあの英会話学校には失望しました。
   I was *disappointing* with the language school in Ikebukuro.
   ⇨ C1

2. このフォードの新車にはがっかりだよ。
   This new Ford is *disappointed*.   ⇨ C2

3. 大学の授業をサボっているということで、親父に怒られてがっくり来てしまった。
   I was very *depressing* when my father got angry with me for cutting college classes.   ⇨ C3

4. あの NHK の戦争ドキュメントを見て、とても気持ちが沈んでしまった。
   That NHK documentary program on war was really *depressed*.
   ⇨ C4

5. 君は大学院はちょっと無理ですね、と Robertson 先生からいわれて気持ちがくじけてしまった。
   I was *discouraging* when Professor Robertson told me that I wasn't quite good enough for graduate school.   ⇨ C5

113

6. 兄がイギリスの大学での1年間の留学で、どれほど苦労したかを聞かされて、ひるんでしまった。

It was *discouraged* to be told how hard it had been for my brother to study at a British university for one year. ⇨ C6

COMMENTS on *disappointing, disappointed, depressing, depressed, discouraging,* and *discouraged*

Comment 1 〈disappointing〉

◆ ある事柄や人物が、期待を裏切った、がっかりさせる、思ったほどではない、などの意味を表す。すなわち、X is disappointing というとき、X ががっかりした、ということではなく、X が(だれかを)がっかりさせる、失望させる、という意味になる。

Comment 2 〈disappointed〉

◆ 人などが、期待はずれの気持ちをいだく、がっかりした、などの意味を表す。

◆ 文法的には、上に挙げた感情を引き起こされた主体(人、機関、施設、生物など)が主語になる点に注意。つまり、X is disappointed というと、X ががっかりした、失望した、という意味になる。

Comment 3 〈depressing〉

◆ ある事柄などが(原因となって)気持ちを暗くする、悲しませる、希望をなくさせる、などの意味がある。すなわち、X is depressing というとき、X が落ち込んだ、ということではなく、X が(誰かを)落ち込ませる、気分を暗くさせる、という意味になる。

Comment 4 〈depressed〉

◆ 人物などが、暗い気持ちになる、悲しむ、希望を失って落ち込む、などの意味がある。

◆ 文法的には、一般的に、上に挙げた感情を引き起こされた主体(人、機関、施設、生物など)が主語になる点に注意。つまり、X is depressed というと、X が落ち込んだ、気分が暗くなった、という意味になる。

Comment 5 〈discouraging〉

◆ ある事柄などが、勇気をなくさせる、やる気を奪う、士気を低くする、などの意味がある。つまり、X is discouraging というとき、X がやる気がなくなった、ということではなく、X が(誰かの)やる気をなくさせる、という意味になる。

Comment 6 〈discouraged〉

◆ 人などが、勇気をくじかれた、やる気を奪われた、士気が落ちた、などの意味がある。
◆ 文法的には、上に挙げた感情を引き起こされた主体(人、機関、施設、生物など)が主語になる点に注意。つまり、X is discouraged というと、X がやる気をくじかれた、という意味になる。

Exercise I

Fill in the blanks with *disappointing*, *disappointed*, *depressing*, *depressed*, discouraging, or *discouraged* to match the Japanese.

1. 今度の新任の先生はちょっと期待はずれですね。
   Our new teacher is a little bit (   ) ⇨ **C1**

2. 最近明るみに出た警察の一連の不祥事は、まったく気分が暗くなるものだ。
   The police scandals which have recently been revealed are really (   ). ⇨ **C3**

3. 君がいうことはいつも否定的で、物事をぶちこわすような、人のやる気をなくさせるようなことばかりだ。

Your remarks are always negative, destructive, and (　　　).　⇨ C2

4. うちの会社が私のことをあまり必要としていないということを知って、すっかり落ち込んでしまった。
I was terribly (　　　) when I learned that my company didn't need me any more.　⇨ C4

5. 社長が殺人容疑で逮捕されて以来、社員のやる気が大幅に落ちた。
The employees have been greatly (　　　) since the president was arrested on suspicion of murder.　⇨ C6

6. 僕が来なかったので、きっとあなたはがっかりされたことでしょう。
You must have been (　　　) when I didn't turn up.　⇨ C2

Exercise II

Put the following Japanese into English.

1. 「Rachel は君のところにホームステイしているよな？」「実はちょっとがっかりなんだよ。だってあの子ぜんぜん英語しゃべってくれないんだ」
   考え方 「～にホームステイする」stay with ～．「実は」as a matter of fact, to be honest, actually.　「がっかり」主語の立て方で disappointing か disappointed を使う。

2. 来年は就職活動を始めないといけないと思うと、なんとなく気が滅入ってくるよ。
   考え方 「就職活動を始める」start looking for jobs.　主語の立て方で depressing か depressed を使う。

3. 「この間の時事英語のテストどうだった？」「結果を見て完全にやる気なくしたよ」
   考え方 「時事英語」Current English.　後半の文章は主語の立て方で dis-

couraging か discouraged を使う。「結果」result.

4. あなたは健太がやる気をなくすようなことばかりいうからだめなんですよ。たまにはやる気の出るようなことをいってあげたらどうです？
   考え方 「やる気をなくすような」discouraging.「だめ」no good.「たまには」気を変えて、と考えて for a change あたりが妥当。「やる気の出るような」encouraging.

5. 20世紀は戦争の世紀だったという事実は人間の心を暗くする。
   考え方 「戦争の世紀」the century of wars.「事実」(fact)を英文の主語とすれば述語は depressing で処理できる。「人間の心」必ずしも訳す必要はない。

6. 今度の首相にはがっかりだな。ぜんぜんまともにものを考えてないって感じだよ。
   考え方 「首相」prime minister.「まともに考える」think properly.

7. 親父から、おまえを大学にやる余裕がない、といわれたときに、ものすごく気分が落ち込んだことを覚えている。
   考え方 「大学にやる」send someone to college.「余裕がない」cannot afford to, do not have enough money to.「～したことを覚えている」remember + ～ing または remember + 節。

8. 人がせっかくがんばろうという気持ちになっているときに、水をさすようなことをいうのはやめてください。
   考え方 「がんばろうという気持ちになっている」feel encouraged to do something.

9. 「どうしたの、そんな暗い顔して？」「Sue から、ほかにいい人ができたからあなたとはもうこれきりねっていわれたんだ」
   考え方 「暗い顔」look depressed.「あなたとはもうこれきりね」A のもとを去って B のもとに行く (leave A for B) と考える。

Unit 24

good, enough, satisfactory, complete, perfect

Warming Up

Put the following English into Japanese, paying particular attention to the italicized expressions.

1. I am *good* at math. ⇨ **C1**

2. He was stupid *enough* to lose the money he had earned by doing a part-time job. ⇨ **C2**

3. Their report on how they'd dealt with the problem was *satisfactory*. ⇨ **C3**

4. This expressway is not *complete*. ⇨ **C4**

5. I've never known such a *perfect* performance by that old actor. ⇨ **C5**

COMMENTS on *good*, *enough*, *satisfactory*, *complete*, and *perfect*

Comment 1 〈good〉

◆ さまざまな意味があるが、主としてある事柄、人物などが、よい、正しい、優秀な、親切な、などの意味を表す。

◆ ある事柄(例：ジョギング)が健康によい、あるもの(例：定期券)が有効である、などの意味でも使われる。また、料理がおいしい場合にも good, very good がよく使われる (delicious は、格別においしい、という意味のやや特別な表現で、日常あまり使われない)。

Comment 2 〈enough〉

◆ 形容詞として用いるときは、一般に名詞の前に置く (例：enough money)。必要を満たす上で十分な、不足がない、足りている、などの意味を表す。

◆ 副詞として用いるときは、修飾する副詞、形容詞のあとに置く (例：He is old enough to drive)。〜するのに十分な、不足のない、という意味を表す。

◆ 名詞としての用法もある。

　　[例]　I've had enough, thank you.（もう十分いただきました）

Comment 3 〈satisfactory〉

◆ ある基準、目的などにとって十分満足のいく、まず申し分のない、満ち足りた、という意味の形容詞。

Comment 4 〈complete〉

◆ すべての要素、部分が１つも欠けることなくそろっている、完備した、完全に出来上がっている(完成している)、などの意味を表す。

　　[例]　a complete set of dishes（お皿のひとセット）

Comment 5 〈perfect〉

◆ ある事柄、人物などが完璧な、申し分のない、最高レベルの、欠点がない、これ以上直すべきところがない、などの意味で使われる。

Exercise I

Fill in the blanks with *good*, *enough*, satisfactory, *complete*, or *perfect* to match the Japanese.

1. 中村君は非常に優秀な学生です。
   Nakamura is a very (　　　) student. ⇨ **C1**

2. この車のデザインは満足のいくものではありません。
   The design of this car is not (　　　). ⇨ **C3**

3. あんな高級レストランで食事するほどのお金は持ち合わせてないよ。
   I don't have (　　　) money to eat at a luxurious restaurant like that. ⇨ **C2**

4. Ted はとても親切で、私を車で家まで送ってくれました。
   Ted was kind (　　　) to drive me home. ⇨ **C2**

5. 完璧な人間がいないのと同様、完全無欠の技術というものもありえない。
   There is no (　　　) human beings, and similarly, there can be no (　　　) technology. ⇨ **C5**

6. 私は一応家具が全部そろったアパートを借りたいと思ってます。
   I want to rent a flat (　　　) with furniture. ⇨ **C4**

7. お母さんはちょっと買い物に行ってくるから、留守の間おとなしくしていなさいよ。
   I'm going shopping. Be a (　　　) boy while I'm out. ⇨ **C1**

Unit 24

8. あなたの英語力なら、この仕事はまあなんとかこなせるでしょう。
I think your English is just about (　　　) for this job. ⇨ C3

9. 適当に運動するのは健康にいいですよ。
Getting some exercise is (　　　) for you. ⇨ C1

Exercise II

Put the following Japanese into English.

1. あなたの英語はほとんど完璧に近いレベルです。日本から出たことがないのに、どうしてそんなにしゃべれるんですか？
   考え方 「完璧」は complete か perfect か？「日本から出たことがない」海外 (abroad) に行ったことがない、と考える。

2. この半年間の TOEIC 対策の猛勉強の結果は十分満足のいくものでした。
   考え方 「TOEIC 対策の猛勉強」hard work for the TOEIC test. 「結果」result, outcome.

3. 「この英語研修プログラムに参加したい気持ちはあるんですが、資金が足りなくて」「だったら、ご両親にお願いしてみたらいかがですか？」
   考え方 「英語研修プログラム」English learning program. 「参加する」join. 「資金が足りない」十分なお金がない、と考える。

4. 「学祭のことでご相談したいことがあります。今週の木曜日にちょっとよろしいでしょうか？」「木曜日はぜんぜんダメなんで、できれば金曜日にしてくれないかな」
   考え方 「学祭」college festival. 「〜に...のことで相談する」talk to 〜 about... 「ぜんぜんダメ」no good. 「金曜日にする」make it on Friday.

5. 「Gilbert先生、新しいタイプのリスニング強化テキストをお作りになっているとのことですが。もう終わられたんですか？」「いやあ、まだまだ完成には程遠い段階です」
   考え方 「リスニング強化テキスト」textbook to develop listening skills. 「～とのこと」I hear, I understand. 「完成には程遠い」far from + 形容詞の構造にする。「完成」は complete か perfect か？

6. 久米君は、学歴はいいし、背は高くてハンサムだし、おまけに実家が金持ちときているから、申し分のない若者だよ。
   考え方 「学歴がいい」have an excellent educational background. 「ハンサム」good-looking. 「実家が金持ち」be (*or* come) from a rich family.

7. もういいかげんにしてください。私はあなたの職場の同僚の悪口を聞くためにここに来たんじゃありません。
   考え方 「いいかげんにしてくれ」That's enough. 「職場の同僚」fellow workers at one's company. 「悪口を言う」criticize. 「～のためにここに来たんじゃない」I'm not here to ～.

8. 「僕はてっきりこのJALマイレージカードはまだ使えると思ってました」「まことに残念ですが、10日前に期限切れになっております」
   考え方 「JALマイレージカード」JAL Mileage Card. 「まだ使える」still good. 「期限が切れる」expire.

Unit 25

honest, faithful, frank, outgoing, aggressive, outspoken

Warming Up

Put the following English into Japanese, paying particular attention to the italicized expressions.

1. Michael is a very *honest* person, so you can trust him. ⇨ C1

2. I realized that John was not *faithful* to his wife. ⇨ C2

3. To be perfectly *frank*, I hate all your friends. ⇨ C3

4. Generally, Americans are more *outgoing* than Japanese. ⇨ C4

5. Jim is very *aggressive* when he is drunk. ⇨ C5

6. A successful journalist has to be *aggressive*. ⇨ C5

7. Mr. Carter is always *outspoken*, so some students like him very much. ⇨ C6

123

COMMENTS on *honest, faithful, frank, outgoing, aggressive,* and *outspoken*

Comment 1 〈honest〉

◆ うそをいったり、盗みを働いたりしない、正直、誠実、実直、律義などの日本語にあたる形容詞。

Comment 2 〈faithful〉

◆ 人、信条、主義主張、自分の言葉などに対して忠実な、誠実な、裏切らない、という意味の形容詞。loyal とほぼ同義語。

　［例］　a faithful husband（浮気をしない夫）

Comment 3 〈frank〉

◆ 言葉にうそがない、真情率直に自分の気持ちや意見を言葉で表現する、という意味の形容詞。特に言語表現の率直さをいう言葉。

Comment 4 〈outgoing〉

◆ 積極的に新しい人と会って話をするのが好きな、外向的な、内にこもらないタイプの、などの意味を表す形容詞。

Comment 5 〈aggressive〉

◆ すぐけんか、戦争をしたがる、好戦的、攻撃的な、などの意味がある。
◆ 上昇志向が強い、欲しいものを手に入れたがる、積極的、貪欲に物事に取り組む、などといった、どちらかといえばプラスの意味でも用いられる点に注意。

Comment 6 〈outspoken〉

◆ 言葉にうそがない、真情率直に意見感情を言葉で表す、という点では frank, candid などとだいたい同義語だが、outspoken には、場合によっては相手の気分を害しかねないところまで踏み込んで、ずけずけ、ズバズバものをいうというニュアンスがある。

Exercise I

Fill in the blanks with *honest*, *faithful*, *frank*, *outgoing*, *aggressive*, or *outspoken* to match the Japanese. (Change the form, if necessary.)

1. 私は君の率直な意見が聞きたいんだ。
   I need your (　　　) opinion. ⇨ **C1, C3**

2. なるべく自分の主義主張は曲げないように心がけなさい。
   Try hard to remain (　　　) to your own principles. ⇨ **C2**

3. 君はずいぶん変わったね。以前は前に出るタイプじゃなかったけれど、今は積極的な感じだよ。
   You've changed a lot. You used to be a rather shy person, but you're far more (　　　). ⇨ **C4**

4. あまりそうずけずけものをいうもんじゃないよ。知らない間に相手の気持ちを傷つけていることだってあるんだから。
   Don't be so (　　　). You might hurt someone's feelings without realizing it. ⇨ **C6**

5. 田中は物事に対して貪欲に向かっていくタイプだから、ビジネスマンとして成功するだろう。
   Tanaka is (　　　), so he will be a successful businessman. ⇨ **C5**

6. 自分が悪かったことを認めるなんて、あなたはなんて真っ正直な人間でしょう。
   It was very (　　　) of you to admit that you were wrong. ⇨ **C1**

7. 生き物というのは人間も含めて、お腹がぺこぺこのときは狂暴、攻撃的になりやすい。
   Creatures, including human beings, tend to become violent and (　　　) when they are starving. ⇨ **C5**

8. その映画は原作に忠実な出来だった。

The film version was very (　　　　　) to the book.　⇨ **C2**

Exercise II

Put the following Japanese into English.

1. Gary は一見正直そうですが、本当はうそつきだから、彼のいうことを信用してはいけませんよ。
   考え方 「一見～そう」look + 形容詞。「うそつき」liar.「彼のいうこと」彼 (him) を動詞の目的語とする。

2. 「君は今つきあっている Dorothy をいつまでも裏切らないという自信あるかい?」「そんなことわからないよ」
   考え方 「裏切らない」誠実、忠実である、にあたる形容詞は? 「自信あるかい?」Are you sure . . . ?

3. Emily, 君が実際この学校でどういうふうにいじめを受けているのか、包み隠さず私にいってくれないか。
   考え方 「どういうふうにいじめを受けているか」how you've been bullied. 「～に . . . について包み隠さず話す」be frank with ～ about . . .

4. 「Satoko はどんな感じの人ですか? 内気なタイプですか?」「とんでもありません。彼女はものすごく外向的で、すぐ友達ができるタイプです」
   考え方 「どんな感じ」What is X like? 「内気」shy, quiet. 「とんでもない」far from it. 「すぐ友達ができる」make friends quite easily.

5. なんで君はいつもそう食ってかかるようなもののいい方をするんだ。君みたいな攻撃的タイプは人から好かれないよ。
   考え方 「食ってかかるようなもののいい方をする」話し方において (in the way you talk) 攻撃的、と考える。

6. 「君は、新入社員のSimonをどう思う？」「あいつ、なんかギラギラしたやつで、売上げを伸ばすためなら何でもやるって感じだな」
   考え方 「新入社員」the new recruit. 「ギラギラした」自分の欲しいものを貪欲に追う、の意味の形容詞は？「売上げを伸ばす」increase one's sales figures.

7. Billyはいいやつなんだが、ときどきずけずけものをいうことがあるので、まわりから誤解されやすいんだ。
   考え方 「いいやつ」nice guy (or chap). 「ずけずけものをいう」相手が不愉快になるようなことまであえて率直にいう、という意味の形容詞は？「誤解する」misunderstand.

8. Nancy、君は会社の命令だったら何でもするのかい？　君にそんなことができないことは、自分で分かってんじゃないのか？　自分をごまかしてはいけないよ。
   考え方 「会社の命令なら何でも」whatever your company tells you to do. 「自分をごまかさない」自分自身に対して忠実 (faithful, true) と考える。

9. 「正直なところ、Jones教授は威張っていて、権威主義的な人だから、僕は苦手だなあ。大学の先生にはあの手が多いね」「そうかなあ。中にはとっても親しみやすくて人柄のいい先生も結構いると思うよ」
   考え方 「正直なところ」独立不定詞の to be honest (or frank) が使える。「威張る」arrogant. 「権威主義的」authoritative. 「苦手」嫌い、と考える。「そうかなあ」I don't know.

Unit 26

first, at first, for the first time, from the beginning, from beginning to end

Warming Up

Put the following English into Japanese, paying particular attention to the italicized expressions.

1. *First*, there are too many problems in this test. Second, they are too difficult.   ⇨ **C1**

2. *At first*, he didn't work very hard, but these days he is working very hard.   ⇨ **C2**

3. A few days ago, I visited my hometown *for the first time* in ages.   ⇨ **C3**

4. Two years ago, I tried scuba diving *for the first time* in my life.   ⇨ **C4**

5. *From the beginning*, I had a feeling that something nasty would happen to me.   ⇨ **C5**

128

6. Professor Stewart's special lecture yesterday was very boring *from beginning to end.*　⇨ **C6**

> # COMMENTS on *first*, *at first*, *for the first time*, *from the beginning*, and *from beginning to end*
>
> ## Comment 1 　〈 **first** 〉
>
> ◆ 最初の、第1番目の、1位の、などの意味を表す形容詞としての用法がある。
>
> 　［例］　the first train（始発電車）
>
> ◆ まず第1に、はじめに、などのようにある事柄を述べる場合の順位として、その1番目の、という意味の副詞としても使われる。この意味では firstly, first of all, in the first place などと同義。
>
> ◆ (これまで、それまでで)はじめて、といった、はじめての体験をいう場合にも使われる。この意味では for the first time と同義。
>
> ## Comment 2 　〈 **at first** 〉
>
> ◆ 最初のうちは、はじめのころは、などのように、ある時間的状況の中の最初の状況について述べるときに用いる副詞。この副詞は、あとになってある変化が起こった、ということを意味として内包している点に注意。
>
> ## Comment 3 　〈 **for the first time** 〉
>
> ◆ for the first time は first の用法の中の、(これまで、それまでで)はじめて、といった、はじめての体験をいう場合の用法と一致する。
>
> ◆ for the first time の次に in three months のように数詞が明示される場合、日本語でいえば「～ぶり」という表現が適切であり、for the first time in years (*or* ages) のように漠然とした時間表現が来れば、日本語の「久しぶり」という表現にあたる。

Comment 4 〈from the beginning〉

◆ 日本語の、はじめから、最初から、にあたる副詞表現。

Comment 5 〈from beginning to end〉

◆ 日本語の、はじめから終わりまで、最初から最後まで、にあたる副詞表現。

Exercise I

Fill in the blanks with *first*, *at first*, *for the first time*, *from the beginning*, or *from beginning to end* to match the Japanese.

1. 先着順です。
   (   ) come, (   ) served.   ⇨ **C1**

2. まず第一に、なぜあなたはこの資格を取ろうと思ったのですか？
   (   ), could you tell me what made you decide to try for this qualification ?   ⇨ **C1**

3. 私は 10 年ぶりに中国へ旅行した。
   I went on a trip to China (   ) in ten years.   ⇨ **C3**

4. はじめのうちは日本食には抵抗がありましたが、最近はなんでも OK です。
   (   ), I found Japanese food disagreeable, but these days I'll eat anything.   ⇨ **C2**

5. 会議は最初からうまく進まなかった。
   The conference went badly (   ).   ⇨ **C4**

6. 彼の演奏は最初から最後までまったく完璧だった。
   His performance was really perfect (   ).   ⇨ **C5**

7. はじめて海外の人と e-mail で交信したときの感動は忘れられない。
I still remember how excited I was when I (　　　) e-mailed someone abroad.　⇨ **C1**

Exercise II

Put the following Japanese into English.

1. 「これからどういったことをやっていけばいいか教えてください」
「まず第一に、単語力を増やすように努力しなさい」
考え方 「教える」ここでは teach は可能か？ 「単語力」vocabulary.

2. 最初のうちは英語の雑誌はとても歯が立たなかったけれど、最近語彙力が上がってきたせいか、だいぶ楽に読めるようになってきました。
考え方 「英語の雑誌」English magazines. 「楽に読めるようになる」have less difficulty ～ing の構文、または it is getting easier for + 人 + to do の形でも書ける。

3. 私は昨年はじめて富士山に登ったが、あちこちにごみが散乱しているのを見てショックだった。
考え方 「あちこち」here and there. 「ごみ」rubbish. 「散乱している」be scattered around.

4. このあいだ、3年ぶりに東京に行ったが、人々の顔が何となく以前より疲れているような気がした。
考え方 「3年ぶりで」3年間で (in three years) はじめて、と考える。「顔が疲れている」look tired.

5. 昨日、久しぶりに Kate がたずねてきた。日本に5年以上いるせいか、すっかり日本の生活に慣れている様子だった。
考え方 「久しぶりに」何年間かで (in years (*or* ages)) はじめて、と考える。「日本の生活」life in Japan.

6. 半年におよぶ私のオーストラリア滞在は、最初からいろんな問題があった。まず最初の数週間は向こうの人たちの英語がさっぱり聞き取れなかった。

   考え方 「半年におよぶ〜滞在」my six-month stay in Australia. 「最初の数週間」for the first few weeks. 「英語がさっぱり聞き取れない」土地の人々がいうこと (what the local people said) が理解できない、と考える。

7. このあいだのミーティングで意見が対立したとき、Raymond は最初から最後まで私の味方をしてくれた。

   考え方 「意見の対立」clash of opinions. 「味方をする」be on one's side.

8. ロンドンの地下鉄に乗るのはこれがはじめてです。東京の地下鉄よりも中はちょっと狭い気がしますね。

   考え方 「〜はこれがはじめてです」This is the first time + 経験を表す現在完了時制。または never を使って、これ以前の経験を全否定する現在完了形も可。

著者紹介
富岡龍明(とみおか　たつあき)
1952年福岡生まれ。エディンバラ大学応用言語学大学院博士課程修了。現在、鹿児島大学教授。著書に、『英語を診る』(共著、河合出版)、『英作文実践講義』(研究社)などがある。

KENKYUSHA
〈検印省略〉

英作文へのニューアプローチ
——基本動詞、助動詞、形容詞、副詞の活用法——

2001年2月20日　初版発行　　2011年12月22日　7刷発行

著　者	富　岡　龍　明
発行者	関　戸　雅　男
印刷所	研究社印刷株式会社

発行所　株式会社　研　究　社
http://www.kenkyusha.co.jp/

〒102-8152
東京都千代田区富士見2-11-3
電話（編集）03 (3288) 7711 (代)
　　（営業）03 (3288) 7777 (代)
振替　00150-9-26710

© 2001, Tatsuaki Tomioka　　　表紙デザイン：小島良雄
ISBN 978-4-327-42154-0　C1082　　Printed in Japan